Sehen · Staunen · Wissen

DAS ALTE ÄGYPTEN

Uschebti-Figürchen – eine Grabbeigabe für das Leben nach dem Tod

Libyscher Kriegsgefangener (Kachel)

Feuersteinmesser mit vergoldetem Griff

Augenschminke in einem igelförmigen Gefäß

Angelhaken

Thot, ibisköpfiger Gott der Weisheit

Silberschale

Fischamulett als Haarschmuck

Sehen · Staunen · Wissen

Goldtäfelchen, auf dem der Pharao dem Gott Atum Salbe überreicht

DAS ALTE ÄGYPTEN

Vergangenheit erleben
Kultur und Alltag im Reich der Pharaonen

Text von George Hart

Blütenförmige Einlegearbeiten und Gußformen

Armband mit einem Skarabäus aus Lapislazuli, in Gold gefaßt

Gerstenberg Verlag

Püppchen

Ohr-
ringe

CIP-Titelaufnahme der Deutschen Bibliothek

Das **alte Ägypten:** Kultur und Alltagsleben im Reich der Pharaonen / George Hart. [Fotogr.: Peter Hayman. Aus dem Engl. übersetzt von Rainer Hannig]. – Hildesheim: Gerstenberg, 1991
(Sehen, Staunen, Wissen) Einheitssacht.: Ancient Egypt <dt.>
ISBN 3-8067-4419-X
NE: Hart, George [Mitverf.]; Hayman, Peter [Ill.]; EST

Ein Dorling Kindersley Buch
Originaltitel: Eyewitness Guides: Ancient Egypt

Projektleitung: Phil Wilkinson
Lektorat: Sophie Mitchell
Layout und Gestaltung: Anne-Marie Bulat, Julia Harris, Thomas Keenes
Fotografie: Peter Hayman

Aus dem Englischen übersetzt von Rainer Hannig

Satz: Gerstenberg Druck, Hildesheim
Printed in Italy
ISBN 3-8067-4419-X

Schmink-
löffel aus
Holz

Ohrschmuck aus Glas

Gefäß für Augen-
schminke mit
Schminkstift

Anhänger mit
einem Stierkopf aus
Lapislazuli

Inhalt

Zeichnung auf einer Kalksteinscherbe

Was war vor den Pharaonen?

KEULENKOPF
Dies war eine Kriegswaffe, mit der man einem verwundeten Krieger einen tödlichen Schlag versetzen konnte. Aber die glatte Oberfläche und die prächtige Schnitzerei weisen auch darauf hin, daß sie ein Herrscher oder Häuptling bei festlichen Anlässen getragen haben könnte.

Die Zeit nach 3000 v. Chr., in der Pharaonen das Land regierten, nennen wir das „Alte Ägypten“. Wer lebte aber in Ägypten, bevor es Pharaonen gab? In der frühen Steinzeit wohnten die Menschen vom Nildelta bis nach Assuan in Gebieten, die von der Nilüberschwemmung nicht erreicht wurden. Dann strömten ab 5000 v. Chr. Siedler nach Ägypten: aus Palästina und Syrien, aus Nubien im Süden und aus dem libyschen Gebiet im Westen. Kurz vor 3000 v. Chr. segelten auch Händler vom südlichen Irak nach Ägypten. Einige blieben, weil ihnen das fruchtbare Land gefiel. Bald begannen sie, Gerste zu pflanzen und Vieh zu züchten, und sie bauten Lehmhütten in Dörfern, die zwar im Niltal lagen, aber vor der jährlichen Überschwemmung sicher waren. Aus der Zeit vor 3000 v. Chr. hat man wundervolle Elfenbeinschnitzereien, Schieferpaletten und feine Töpferware in Ziegelgräbern gefunden.

KAMM UND FREUNDIN
Die Jäger der afrikanischen Elefanten und Nilpferde versorgten die frühen Handwerker mit viel Elfenbein. Der Kamm ist am oberen Ende mit einer Gazellengestalt verziert, wohl weil sein Besitzer dieses Wild gern jagte. Das Figürchen mit den leuchtenden Augen wurde in ein Grab gelegt und sollte im Jenseits dem Manne eine Gefährtin sein.

EIN URALTER KÖRPER
Bevor es die Mumifizierung gab, legte man den toten Körper in eine „Schlafstellung“ mit angezogenen Ellenbogen und Knien. Der Körper wurde zusammen mit einigen Beigaben in einer Grube mit Sand bedeckt. -Der Sand sog alle Flüssigkeiten aus dem Leib, trocknete ihn aus und konservierte ihn. Man glaubte, so könnte der „Geist des Toten“ ihn wiedererkennen und in ihm wohnen. Dieser Mann starb vor 5000 Jahren. Als man ihn fand, dachte man, er verdiene einen Namen, da er so „lebendig“ aussah. Man nannte ihn „Ginger“ (Ingwer) – wegen seines roten Haares.

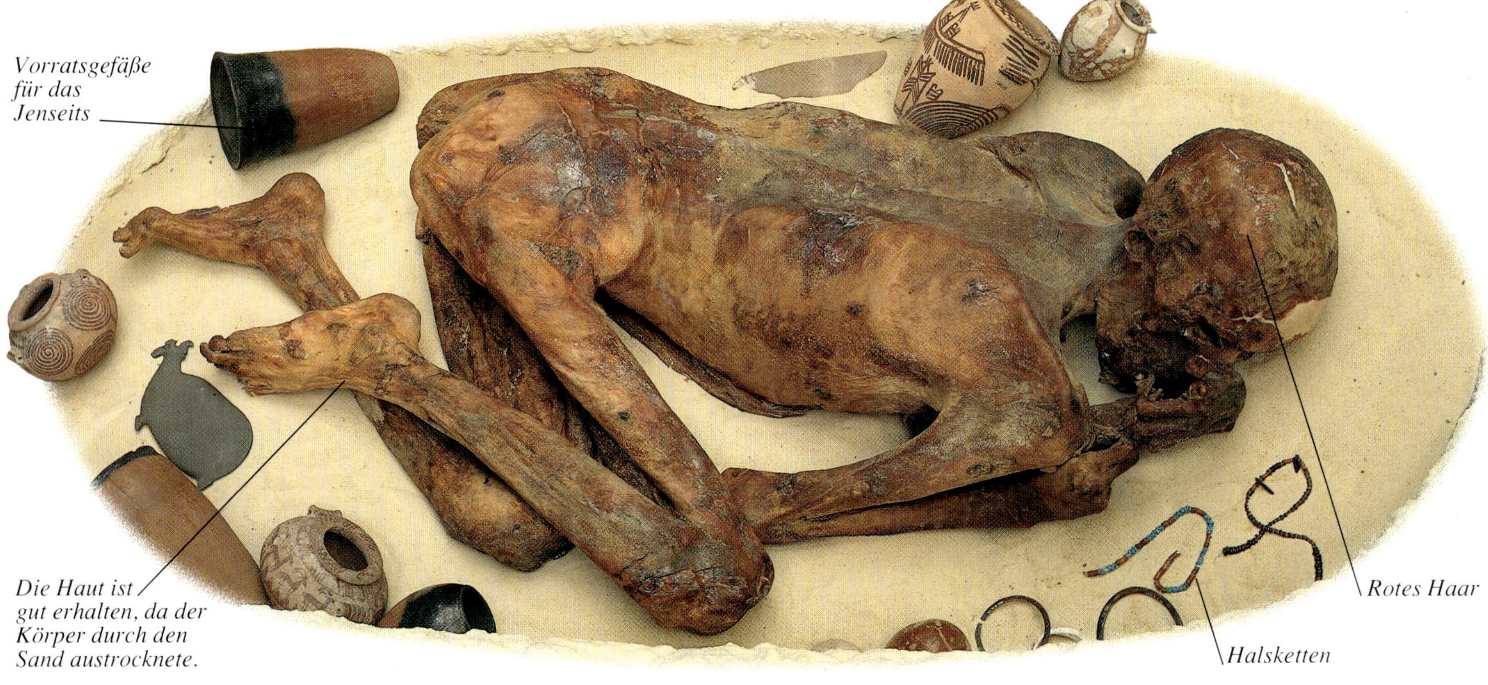

LUXUS MUSS SEIN
Damals verwendeten die Juweliere Halbedelsteine, vor allem grünen Feldspat und orangefarbenen Karneol. Luxuswaren wie diese Halsketten beweisen, daß schon vor der Pharaonenherrschaft nicht jedermann Bauer oder Jäger war. Handwerker waren geschätzte und gut entlohnte Mitglieder der Gesellschaft.

STEINVASE
Diese Vase wurde mit einfachen Feuerstein- oder Kupferwerkzeugen aus geflecktem Brekzienstein geschnitten. Mit Quarz polierte man die Oberfläche.

TÖPFERWARE
Nilschlamm und Ton aus dem Flußtal bildeten das Material der Töpfer. Das nach unten spitz zulaufende Gefäß mußte in einen Ständer oder in den weichen Erdboden gesteckt werden. Die Spiralen sollten den Eindruck wecken, die Vase sei aus Stein gefertigt.

NICHT NUR NÜTZLICH
Schminkpaletten gehören zu den frühesten erhaltenen ägyptischen Objekten. Sie konnten rechteckig oder tiergestaltig (Nilpferd, Schildkröte, Falke oder, wie hier, Widder) geschnitten sein. Auf der breiten Fläche zerrieb man Minerale für das Augen-Make-up.

An den Ufern des Nils

Wüste bedeckt mehr als 90 % der Fläche Ägyptens. Das „Rote Land“ erlaubte nur kleine Siedlungen in Wadis oder Oasen. Die Ägypter lebten deshalb an den Ufern des Nils oder an Kanälen, die vom Fluß abzweigten.

Man nannte Ägypten wegen des dunklen Nilschlamms „Kemet“, das „Schwarze Land“. Ohne dessen Fruchtbarkeit gäbe es keine ägyptische Kultur. Bis in die jüngste Zeit wurde das Leben in Ägypten vom Ackerbau bestimmt. Die heutige Bevölkerungsexplosion, das Städtewachstum und der Bau großer Industrieanlagen änderten den Lebensstil. Früher begann das bäuerliche Jahr mit der Nilflut, wenn der Fluß riesige Mengen an Schlamm mit sich führte und in Ägypten ablagerte. Er wird vom Blauen und Weißen Nil gespeist, die nördlich von Khartum im Sudan aufeinandertreffen. Sank der Nil, dann säten die Bauern Gerste und Emmer, und man hatte gewöhnlich eine gute Sommerernte. Als in den sechziger Jahren der Staudamm bei Assuan fertiggestellt war, veränderte sich der Wasserhaushalt Ägyptens grundlegend.

EIN VOLK AM FLUSS
Die Ägypter lebten in einem Streifen Land zu beiden Seiten des Nils, wo die Flut die Äcker fruchtbar machte. Das Überschwemmungsgebiet ist auf dieser Karte grün gekennzeichnet.

HUNGERSNOT
In einem solch extremen Klima erreichte man nicht immer eine gute Ernte, und Hunger plagte das Volk. Die Bettlerstatue erinnert daran.

Ein Schreiber mit seiner Palette

Mit einem Stock treibt ein Hirte das Vieh an.

SICHEL
Die Bauern benutzten einfache Geräte wie diese Sichel aus Holz. Ernteszenen zeigen mehrere Männer, die mit ähnlichen Sicheln Korn schneiden. Die stehengelassenen Halme wurden wahrscheinlich später gesammelt, um Matten oder Körbe daraus zu flechten.

WORFELHOLZ
Nachdem Esel den Weizen zur Tenne gebracht hatten, benutzte man zwei Worfelhölzer, um die Körner von der Spreu zu trennen.

WORFELN
Die Männer kehren Körner und Spreu zusammen und werfen sie in die Luft. Der Wind weht die leichtere Spreu weg, während die Körner auf den Boden fallen. Die Worfler tragen Leinenkopftücher, um ihr Haar vor der Spreu zu schützen.

GUTE IDEE
Wasser wurde immer gebraucht, wenn die Nilflut sank. In Kanälen floß es zu den entfernteren Feldern. Um das Wasser in die Kanäle zu leiten, benutzte man wie heute einen Schaduf. Er besteht aus einem hölzernen Hebebaum mit einem Wasserschöpfer an der einen und einem Gegengewicht an der anderen Seite. Er konnte von einem Mann bedient werden, der den Eimer in den Fluß tauchte und ihn mit Hilfe des Gewichtes hochhob.

VIEHZÄHLUNG
Ein wichtiges Indiz für Reichtum war die Zahl der Rinder, die man besaß. Dieses alte Modell zeigt Meketre, der um 2000 v. Chr. in Theben lebte. Hier wird das Vieh gezählt und an dem Besitzer und seinen Beamten und Schreibern vorbeigetrieben. Das Ergebnis der Zählung wurde zu Steuerzwecken aufbewahrt.

Berühmte Pharaonen

Einen ovalen Ring in der Hieroglyphenschrift nennt man Kartusche. Er enthält königliche Namen, hier z. B. Thutmosis III.

Der König war nicht nur die mächtigste und wichtigste Person in Ägypten, man hielt ihn sogar für einen Gott. Die Bezeichnung Pharao läßt sich auf eine respektvolle Anrede des Königs als „Großer Palast" (per-ao) zurückführen. Die Königin wurde ebenfalls als Göttin betrachtet und bekam den Titel „Große Königliche Gemahlin". Sehr selten regierten Frauen alleine das Land. Es gab nur eine Ausbildung der Prinzen, die sie auf die Königswürde vorbereiten sollte. Manchmal ernannte der regierende König seinen Erben zum Mitregenten, damit die Machtübernahme nach seinem Tode problemlos vonstatten ging. Pepi II. hält vermutlich den Rekord der längsten Regierungsdauer eines Monarchen. Er soll mit sechs Jahren auf den Thron gekommen und im Alter von 100 Jahren noch König gewesen sein. Es ist bemerkenswert, daß in Ägyptens langer Geschichte nur wenige Mordanschläge auf Pharaonen bekanntgeworden sind, wahrscheinlich weil häufig Prinzen, die nicht als Thronfolger vorgesehen waren, zum König ernannt wurden.

ARME KÖNIGIN
Diese Statue zeigt eine Königin, die um 700 v. Chr. lebte. Die Arme der Statue waren separat angefügt, gingen aber wie die Federkrone verloren.

Osiris, Gott der Unterwelt

HATSCHEPSUT
Diese energische Frau regierte Ägypten zwanzig Jahre lang. Sie sollte eigentlich Regentin für ihren jungen Stiefsohn sein, übernahm aber selbst die Regierungsinsignien, die Pharaonenkrone und den Königsbart. Die Skulptur zeigt sie mit der oberägyptischen Krone mit einer Königskobra.

Nofretete

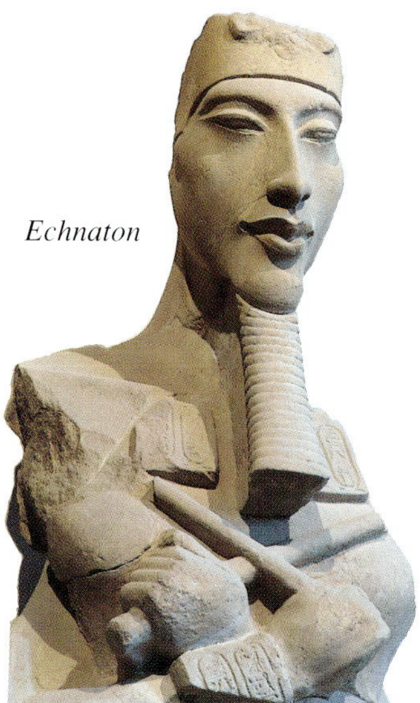

Echnaton

ECHNATON UND NOFRETETE
In Echnatons Regierungszeit wurden die traditionellen ägyptischen Götter vernachlässigt, nur der Sonnengott sollte verehrt werden. Echnaton gründete eine neue Hauptstadt und schloß die Tempel anderer Götter. Die Königin Nofretete half ihrem Gemahl, den Kult des Sonnengottes Aton einzurichten. Nach dem Tode der beiden kehrten Tutanchamun und seine Nachfolger zum alten Glauben zurück. Die Namen Echnaton und Nofretete wurden aus den Inschriften entfernt und ihre Tempel niedergerissen.

Das Geheimnis der Sphinx

Im griechischen Mythos vom König Ödipus ist die Sphinx ein grausames weibliches Wesen, das Menschen tötet, die ein aufgegebenes Rätsel nicht lösen. Die Ägypter aber verbanden mit dieser Figur positive Eigenschaften. Ihr Kopf stellte den Pharao dar, der Löwenkörper wies auf den Sonnengott Re und die Bedeutung des Königs als dessen Sohn hin. Die Stärke des Löwen sollte zugleich die Macht des Herrschers demonstrieren. Manchmal wurden bei den Sphinxen noch andere Elemente kombiniert, z. B. Kopf und Flügel des Falken, der den Gott Horus verkörpert.

SPHINX UND GEFANGENER
Wie eine Sphinx die Macht des Pharaos repräsentiert, zeigt diese Elfenbeinstatuette, die vor 3600 Jahren geschnitzt wurde.

SPHINX BEI GIZA
Diese Sphinx wurde vor rund 4500 Jahren für König Chepren gemeißelt. Sie bewachte den Aufweg zur Pyramide.

RAMSES DER GROSSE
Im 13. Jahrhundert v. Chr. regierte Ramses II. in Ägypten 67 Jahre lang. Er baute mehr Denkmäler und stellte mehr Statuen auf als jeder andere Pharao. Zu seinen Bauten gehört auch der Totentempel, „Ramesseum“ genannt, aus dem diese Statue stammt. Das königliche Kopftuch nennt man „Nemes“, darüber erkennt man eine Schlangenkrone.

TUTANCHAMUN
Dieser Herrscher kam mit nur neun Jahren auf den Thron. Er wurde offensichtlich von hohen Beamten beraten, war aber wohl entschlossen, die Kulte der alten Götter wieder einzuführen, die Echnaton vernachlässigt hatte. Diese berühmte goldene Maske wurde in seinem Grab entdeckt (s. S. 23).

THUTMOSIS IV:
Dieser König war berühmt, weil er die große Sphinx bei Giza vom Wüstensand befreite. Die Abbildung zeigt ihn kniend mit zwei Wassergefäßen (Nu-Töpfen) in den Händen. Er wird beschützt von der Kobragöttin auf seinem Vorderkopf. Nur Könige und Königinnen durften Kobras tragen, denn man dachte, die Kobras könnten sofort jeden Feind töten, wenn sie ihn mit Feuer anspien.

Am Königshof

Bei großen Feiern, den königlichen Jubiläen oder bei Auszeichnungen verdienter Beamter versammelten sich der König, der Hofstaat, die hohen Beamten, Diplomaten und Priester. Einige Höflinge waren mit dem König verwandt, anderen wurden wegen ihrer Fähigkeiten hohe Ämter übertragen. Wenn sich jemand dem König näherte, küßte er den Boden. Wir wissen das, weil ein Höfling sich brüstete, das königliche Bein und nicht den Boden geküßt zu haben. Manchmal wollte der Pharao sich nur am Hofe erholen. In einem Märchen sah König Snofru einst 20 schönen Mädchen beim Rudern zu. Plötzlich fiel der im Haar befestigte Fischanhänger einer Steuerfrau ins Wasser. Das Mädchen schmollte und wollte nicht weiterrudern. Der Hofmagier mußte erst das Wasser teilen und den Anhänger vom Grund heraufholen.

KÖNIGSKOPF
Dieses Bildnis wurde wahrscheinlich als Einlegearbeit in einem Möbelstück oder als Dekoration eines Palastfensters verwendet.

GLÜCKSBRINGER
Kinder trugen manchmal fischförmige Amulette im Haar, die sie vor Unfällen am Fluß schützen sollten.

TEURES VERGNÜGEN
Der älteste ägyptische Schmuck bestand oft aus Muschelschalen. Spätere Juweliere bildeten diese Formen in Gold nach. Dieses Stück wurde für König Sesostris angefertigt.

AMULETTKAPSEL
Gefahrenabwendende Amulette oder Schutzsprüche auf Papyrus konnten in einer Kapsel an einer Halskette aufbewahrt werden.

THRON
Königin Hetepheres war die Mutter des Königs Cheops. Ihre Begräbnisstätte wurde ausgeraubt, aber ein Teil der prächtigen Möbelstücke fand man in einem anderen Grab bei der Pyramide ihres Sohnes. Der Thron ist aus Holz, mit Blattgold überzogen. Insekten nagten das Holz an, die Archäologen konnten den Sitz aber rekonstruieren.

WURFHOLZ
Höflinge benutzten Wurfhölzer beim Vogelfang. Dieses Wurfgeschoß aus zerbrechlicher Fayence (s. S. 47) wurde nur bei Festen des Pharaos Echnaton im 14. Jahrhundert v. Chr. getragen.

KÖNIGLICHE VASEN
Die Pharaonen benutzten Gebrauchsgegenstände und kosmetische Gefäße bester Qualität, wie viele Grabbeigaben zeigen. Diese zwei glatten, gefleckten Steinvasen haben Golddeckel und Goldschnur; sie wurden für König Chasechemui angefertigt.

DAS LEBENSZEICHEN
Nur Könige, Königinnen und Götter durften dieses Symbol tragen. Das Lebenszeichen „Anch“ soll andeuten, daß sein Träger die Macht hat, Leben zu schenken und Leben zu nehmen. Dieses Anch aus Fayence ist mit einem Was-Zepter dekoriert, das Macht symbolisiert.

HOFDAME
Frauen hoher Beamter besaßen großes Ansehen am Hof. Sie konnten sich zu einer Gemeinschaft unter der Obhut der Göttin Hathor zusammenschließen. Diese Hofdame trägt ein Faltenkleid und eine sehr schwere Perücke. In der Hand hält sie einen Blumenstrauß.

KLEINER KÖNIG
Dieses Goldfigürchen zeigt die Blaue Krone, die der König am Hofe oder bei Ausfahrten mit dem Streitwagen trug. Der Herrscherstab und die Uräusschlange an der Stirn symbolisierten das Königtum.

HERKUNFT UNBEKANNT
Diese Einlegearbeit stammt entweder aus einer Wand, einem Fußboden oder einem Möbelstück in der Hauptstadt Echnatons. Solche Fragmente vermitteln uns eine Vorstellung von der Pracht königlicher Paläste.

Diesen Skarabäus legte man auf das Herz des Königs, damit er ihm beim Totengericht helfe.

Totenkult

Die Ägypter fürchteten den Gedanken, daß eines Tages die Welt nicht mehr existieren könne. Ihr Glaube an die Macht der Magie führte zu einem Totenkult, der ihr Überleben für immer sichern sollte. Dazu gehörte die Konservierung des Körpers. Die Balsamierer brachten den Leib zum „Schönen Haus“, wo sie arbeiteten. Sie öffneten die linke Körperseite und entfernten Leber und Lungen, die sie in Kanopenkrüge legten. Das Gehirn wurde gleichfalls entfernt, doch blieb das Herz im Körper, damit es im Jenseits gewogen werden könnte (s. S. 19). Dann bedeckte man den Leib mit Natron, um den Verwesungsprozeß zu verhindern, stopfte trockenes Material wie Blätter oder Sägemehl hinein und umwickelte ihn mit Leinenbinden.

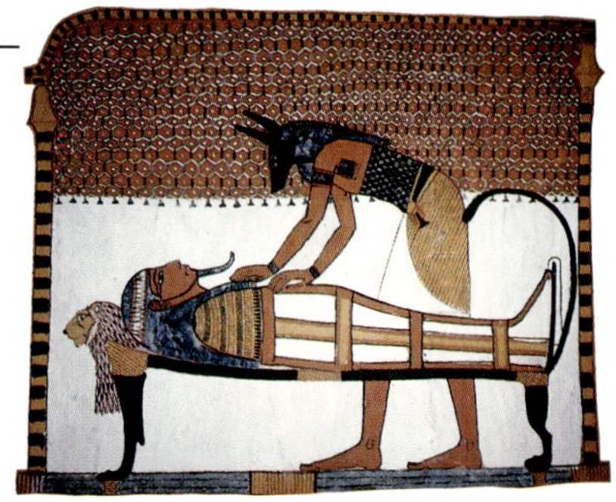

ANUBIS
Der Gott Anubis galt als verantwortlich für das Balsamierungsritual. Sein Titel „imi-ut“ bezieht sich darauf. Hier legt er letzte Hand an den mumifizierten Körper.

WACHSTÄFELCHEN
Mit Täfelchen dieser Art bedeckte man Einschnitte im Fleisch des Leichnams. Das Horusauge (s. S. 24) symbolisiert die Gesundheit des Körpers, auf dem es liegt.

AN ALLES GEDACHT
Einer der wichtigsten Begräbnisriten hatte zum Ziel, einem Toten die Lebensfähigkeit zurückzugeben. Dazu gehörten Essen, Trinken und freie Beweglichkeit. Ägypter wollten nicht im Ausland sterben, da dort das Ritual für sie nicht ausgeführt werden konnte. Dieses Modellkästchen enthält einige Instrumente für das Mundöffnungsritual, dazu Gefäße für heilige Flüssigkeiten und ein seltsames Gerät, mit dem man den Mund der Mumie berührte – das „Peseschkaf“.

TOTENRITUALE
Ein Priester mit einer Anubismaske hält den Leichnam aufrecht. Hinter der trauernden Witwe und der Tochter verspritzen Priester heiliges Wasser und berühren den Mund der Mumie mit Ritualgeräten. Der älteste Sohn verbrennt Weihrauch.

KANOPENKRÜGE
Durch einen magischen Spruch, so glaubte man, konnte man jedes Körperteil verzaubern. Deshalb wurden Magen, Leber und Lunge zu ihrem Schutz getrocknet, in Leinen verpackt und in spezielle „Kanopenkrüge" gelegt.

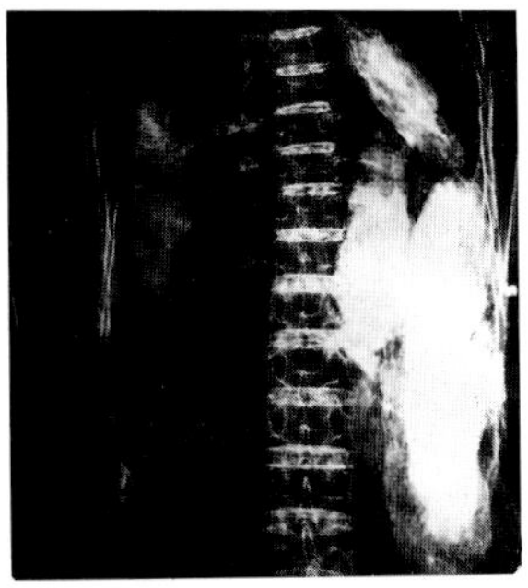

AUSGEPOLSTERT
Ein Röntgenbild der Mumie zeigt statt der Organe Füllmaterial.

MUMIENETIKETTEN
Kleine Schildchen aus Holz identifizierten den toten Körper und sollten magischen Schutz bieten. Eines zeigt Anubis. Seine Hautfarbe ist Schwarz, die Symbolfarbe des Lebens, des fruchtbaren Nilschlamms und des mumifizierten Körpers.

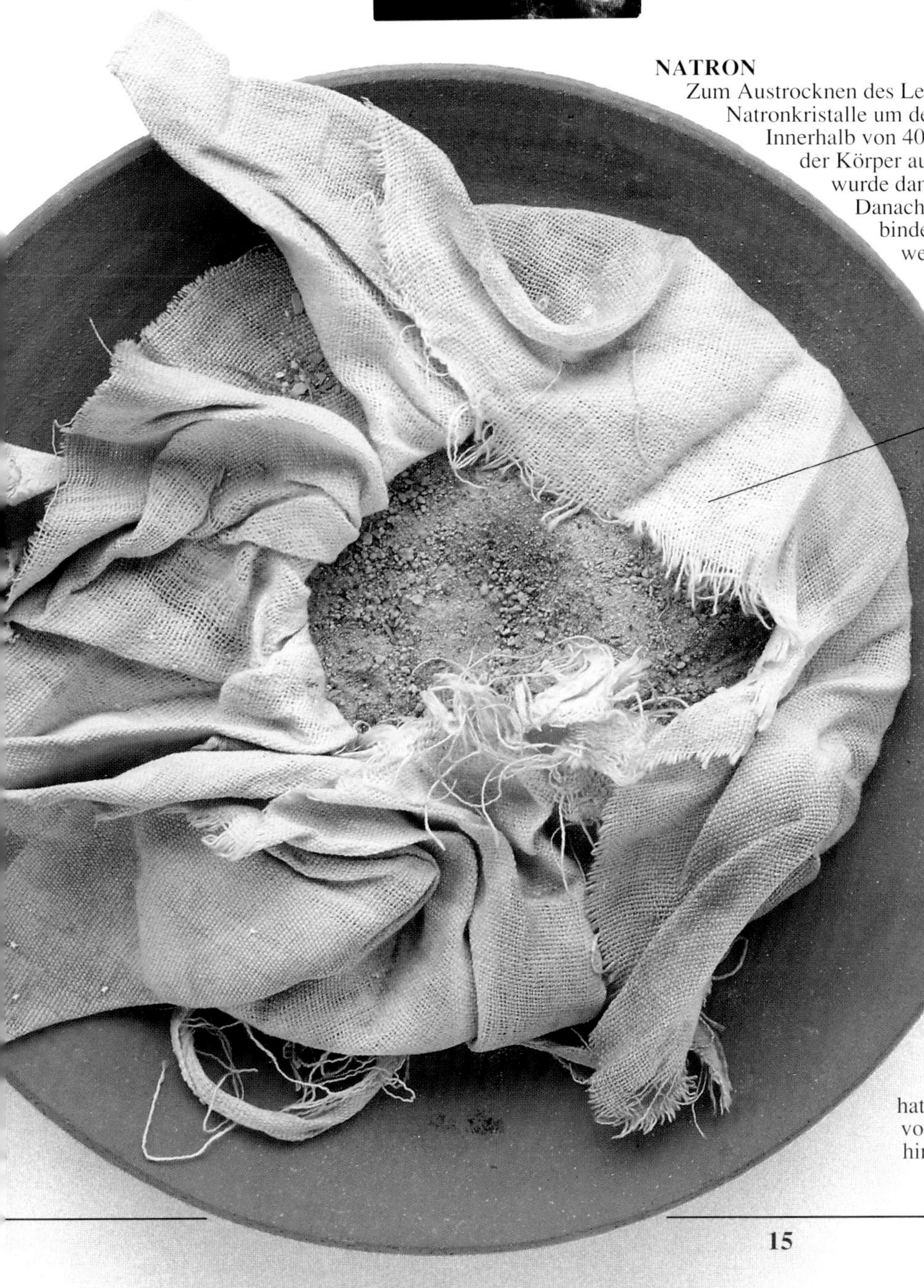

NATRON
Zum Austrocknen des Leichnams wurden Natronkristalle um den Körper gelegt. Innerhalb von 40 Tagen trocknete der Körper aus, und die Fäulnis wurde damit aufgehalten. Danach konnte er in Leinenbinden eingewickelt werden.

Alte Mumienbinden

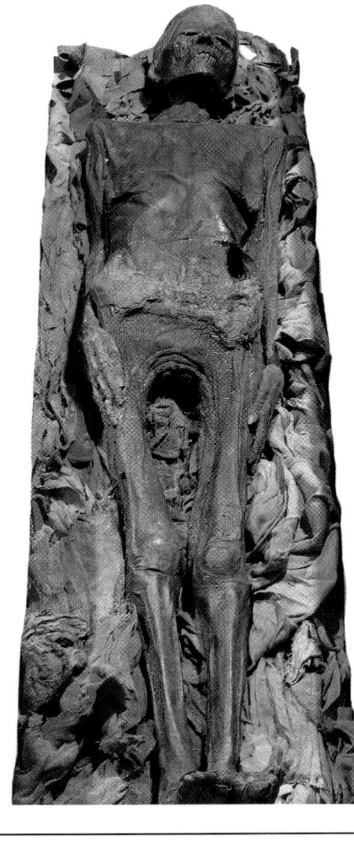

KEIN SCHÖNER ANBLICK
Wenn man eine Mumie auswickelt, sieht man, wie das Natron die Fäulnis verhindert hat. Der Körper ist hervorragend erhalten, bis hin zu den Finger- und Fußnägeln.

Körper für die Ewigkeit

Hand und Arm einer Mumie, erkennbar sind die Hautreste und die Fingernägel.

Nach der Einbalsamierung legte man die Mumie in den Sarg. Ein Reicher konnte sich aufwendige Rituale leisten. Der Körper würde dann, so nahm man an, nie vergehen. Man dachte, nach dem normalen Tode würden seelenähnliche Wesen weiterleben. Das wichtigste war der „Ka", ein Doppelgänger des Körpers, der den Toten zum Leben erwecken sollte. Ein anderer war der „Ba" mit dem Kopf des Verstorbenen und dem Körper eines Falken. Man glaubte auch, daß der Schatten und der Name des Menschen ein ewiges Dasein hätten. Die Mumifizierung sollte einen niemals vergehenden Körper aus dem Leichnam machen und für den Ka eine Bleibe im Jenseits schaffen. Die gut erhaltenen Mumien aus ägyptischen Gräbern beweisen, wie erfolgreich die Balsamierer waren.

ZUM GRUSELN
Der Körper von Ramses III., der Ägypten im 12. Jahrhundert v. Chr. regierte, sieht aus, als ob er Krummstab und Geißel als Zeichen seiner Königswürde in den Händen hielte (s. S. 23).

MUMIENSARG
Die Mumie lag nun in Leinenstreifen eingewickelt im Sarg. Sie war geschützt vor Zerfall, aber die Familie des Toten konnte nicht mehr sehen, ob die Balsamierer sorgfältig gearbeitet hatten. Einige Fehler sind durch Röntgenaufnahmen zutage getreten. Die Innenseiten des Sarges waren meist reich mit Darstellungen von Göttern der Unterwelt dekoriert, während die mit farbigen Hieroglyphen bemalten Außenseiten Sprüche trugen, die dem Toten im Reich des Osiris helfen sollten.

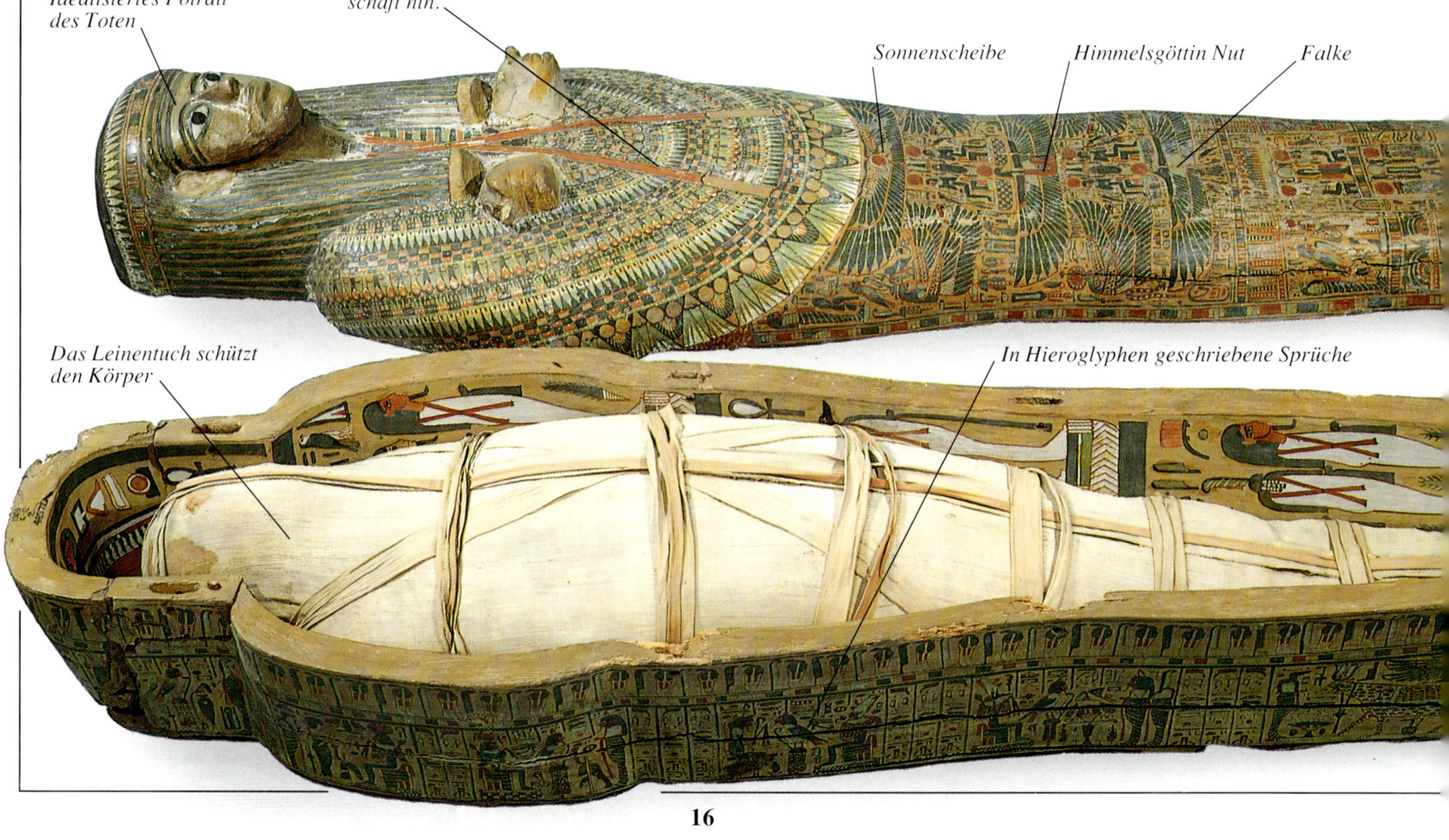

MUMIFIZIERTER KOPF
Die Technik der Mumifizierung war zwar bemerkenswert gut, aber die Haut sieht doch vertrocknet und daher leblos aus. Hätten die Ägypter das Tiefgefrieren gekannt, so hätten sie sicherlich diese Methode angewandt, um die Gesichtszüge so lebendig wie möglich zu erhalten. Durch das Natron wurden die Augäpfel zerstört, deshalb stopfte man etwas Leinenstoff in die Augenhöhle und schloß das Auge mit den Lidern. Durch den Druck der Leinenbinden konnte auch die Nase eingedrückt werden. Wegen der verwendeten Öle und Harze haften die Leinenbinden oft fest an der Haut.

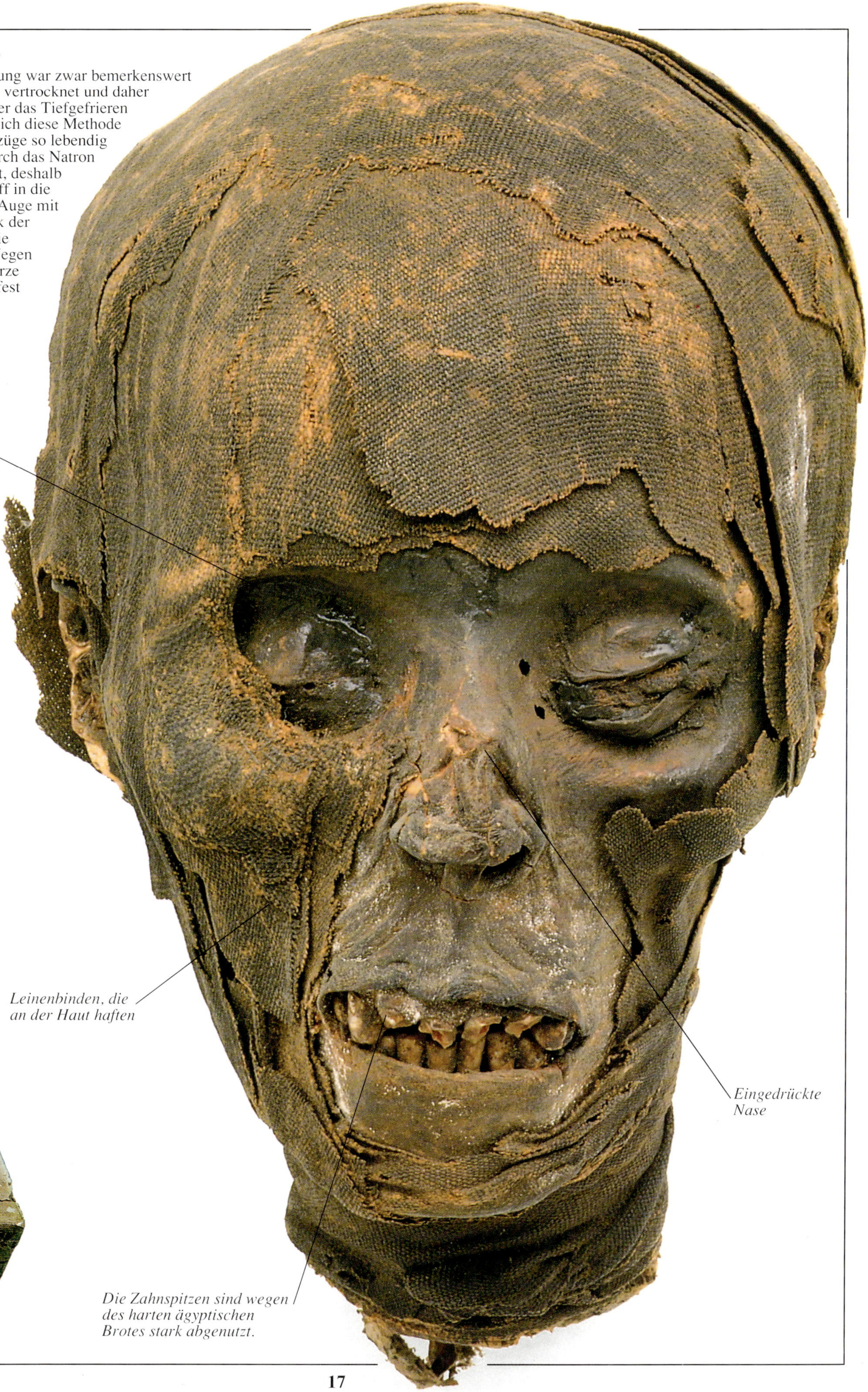

Reise ins Jenseits

Die Ägypter glaubten, unter der Erde befände sich die Unterwelt „Duat“. Einige Gegenden darin seien voller Gefahren: Feuerseen, giftige Schlangen und furchtbare Dämonen. Magische Sprüche sollten dagegen helfen, einige wurden auf Särge geschrieben. Man dachte sich sogar Landkarten für die Unterwelt aus. Später wurden die Vorstellungen vom Jenseits auf Papyrus geschrieben. Solche Texte nennt man „Totenbücher“. Sie waren eine Art Paß für die Unterwelt. Man glaubte, wenn man die richtigen Sprüche aus dem Buch aufsage, könne einem nichts passieren. Am gefährlichsten sei der Augenblick, an dem man vor dem Totengericht erscheine. Dort, in der Halle der zwei Wahrheiten, werde das Herz geprüft. Bei tugendhaftem Lebenswandel könne der Verstorbene ein Land betreten, das so schön wie Ägypten selbst sei.

Gottesstatue mit Widderkopf

WIDDERKÖPFIGER GOTT
Manchmal wurden Statuen von Unterweltgöttern in Gräbern im Tal der Könige (s. S. 22) aufgestellt. Mit ihrer Kraft, Übel zu vertreiben, sollten sie den König bei seinen Reisen in der Unterwelt beschützen. Diese guten Dämonen tragen Köpfe von Schildkröten, Nilpferden oder Widdern. Doch sind sie leicht von anderen tierköpfigen Göttern durch ihre Armhaltung zu unterscheiden.

BEZAHLTE KLAGEFRAUEN
Je mehr Trauernde es beim Begräbnis gab, um so höher war das Ansehen des Verstorbenen. Man bezahlte sogar Frauen, die klagend die Arme hochwarfen und Tränen vergossen.

GROSSER AUGENBLICK
Das Herz gibt Auskunft über gute und schlechte Taten des Verstorbenen, so glaubte man. Deshalb wird es auf einer Waage gegen eine Feder als Symbol der Wahrheit aufgewogen. 42 Richtergötter, einige davon sieht man am oberen Papyrusrand, werden den Toten befragen und ihn anklagen wegen verschiedener schlechter Taten, die er verneint. Wenn er die Wahrheit sagt, notiert der ibisköpfige Gott der Weisheit Thot, daß der Tote „gerechtfertigt" ist und die Erlaubnis erhält, ins Reich des Osiris einzutreten. Sagt er die Unwahrheit, dann wird er bestraft. Die „Fresserin" verschlingt das Herz, und der Tote darf nicht im Jenseits weiterleben.

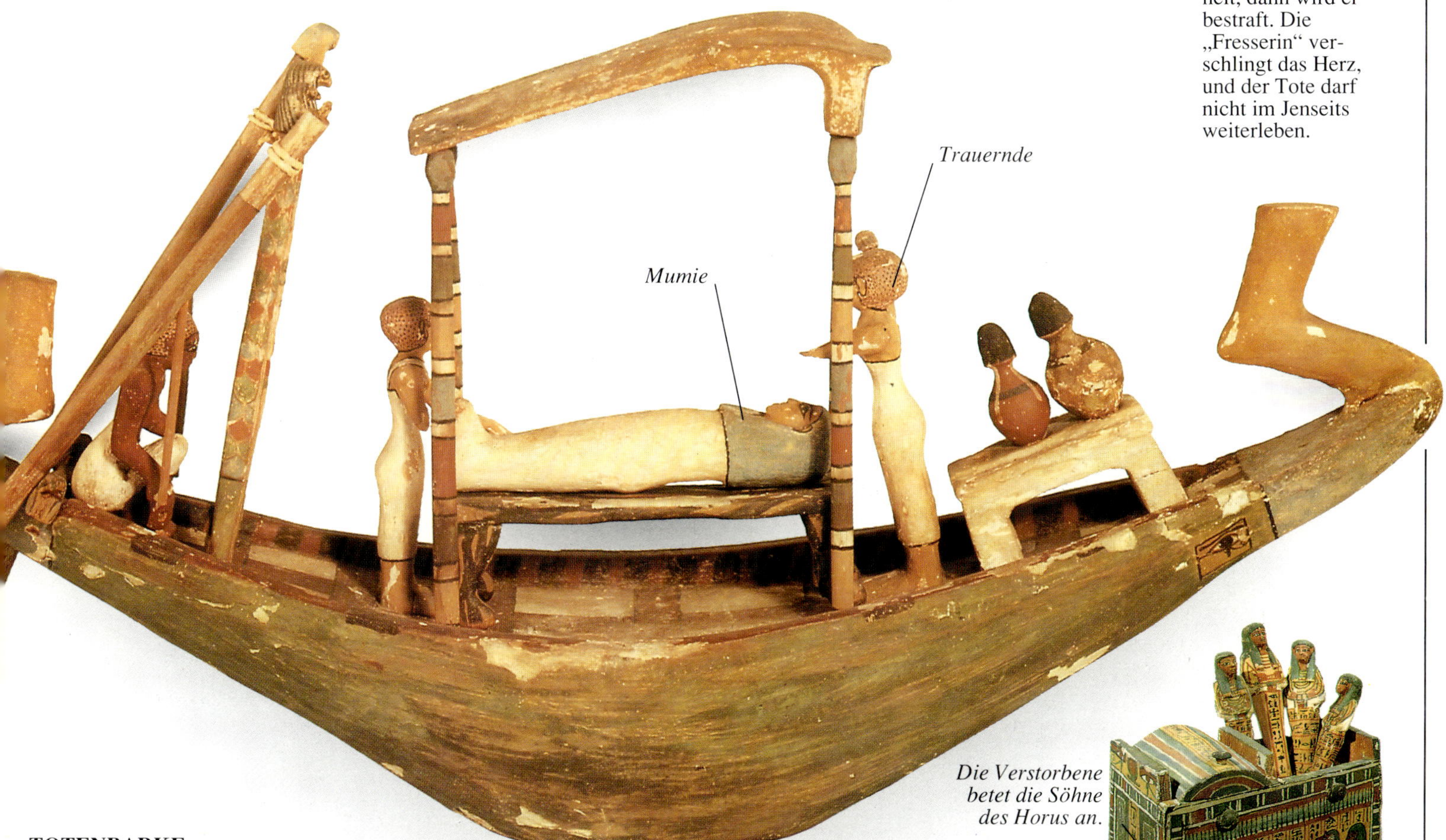

TOTENBARKE
Begräbnisschiffe sehen wie die Barke des Sonnengottes aus, mit der er durch die Unterwelt reist. Die gebogenen Schiffsenden erinnern an Boote, die aus Papyrusstengeln angefertigt wurden. Die Mumie liegt unter einem Baldachin, vor dem zwei trauernde Frauen stehen. Sie stellen Isis und Nephthys dar, die um den ermordeten Gott Osiris trauern. Am Heck hängen zwei große Steuerruder, die ein sitzender Matrose führt. Die grüne Farbe des Bootes symbolisiert die Auferstehung.

DIENER IM JENSEITS
Man dachte, im Jenseits könne der Gott Osiris verlangen, daß man Feldarbeit leiste. Wenn man Schreiber oder Priesterin war und eine solche Arbeit nicht verrichten wollte, wurden kleine Uschebtis (Totenfigürchen), manchmal Hunderte von ihnen, mitbestattet. Man dachte, sie würden auf Befehl des Osiris zum Leben erweckt werden und diese Arbeit tun. Selbst die Pharaonen gingen kein Risiko ein und verlangten sie für ihre Grabausstattung.

Die großen Pyramiden

Die erste Pyramide wurde als Begräbnisstätte des Königs Djoser um 2630 v. Chr. von dem genialen Architekten Imhotep (s. S. 34, 35) gebaut. Wegen ihrer 6 Stufen nennt man sie Stufenpyramide. Der König sollte über diese gigantische Treppe zum Sonnengott in den Himmel steigen. Andere Könige hatten danach ebenfalls Stufenpyramiden, aber zur Zeit des Königs Snofru wurde die bekannte Pyramidenform entwickelt. Hiermit wollte man den Urhügel nachbilden, der aus dem Wasser der Urzeit herausschaute. Auf ihm habe der Sonnengott gestanden und die anderen Götter und Göttinnen geschaffen. Die größte Pyramide wurde für König Cheops in Giza um 2520 v. Chr. gebaut. Die Pyramiden sollten die Körper der Könige schützen, die in ihrer Mitte zur letzten Ruhe gebettet wurden. Spätere Grabbauten waren mit Texten versehen, um dem Pharao im Jenseits zu helfen. Große Granitblöcke und irreführende Gänge sollten die Räuber vom reichen Grabschatz ablenken. Aber schon um 1000 v. Chr. waren alle Pyramiden ausgeraubt.

DIE GROSSE HALLE
Diese Halle, 47 m lang und 8,50 m hoch, führt zur Grabkammer hinauf. Sie hat ein prächtiges Steindach. Nach dem Begräbnis wurde die Grabkammer mit riesigen Granitblöcken verschlossen. Der Sarkophag des Pharaos konnte wegen seiner Breite nicht durch die Halle befördert werden. Er wurde wohl bereits beim Pyramidenbau in der Grabkammer aufgestellt.

MÜHSAMER AUFSTIEG
Heutzutage verbietet ein ägyptisches Gesetz das Besteigen der Großen Pyramide. Im 19. Jahrhundert wollten einige Touristen trotz der Sturzgefahr den Ausblick genießen.

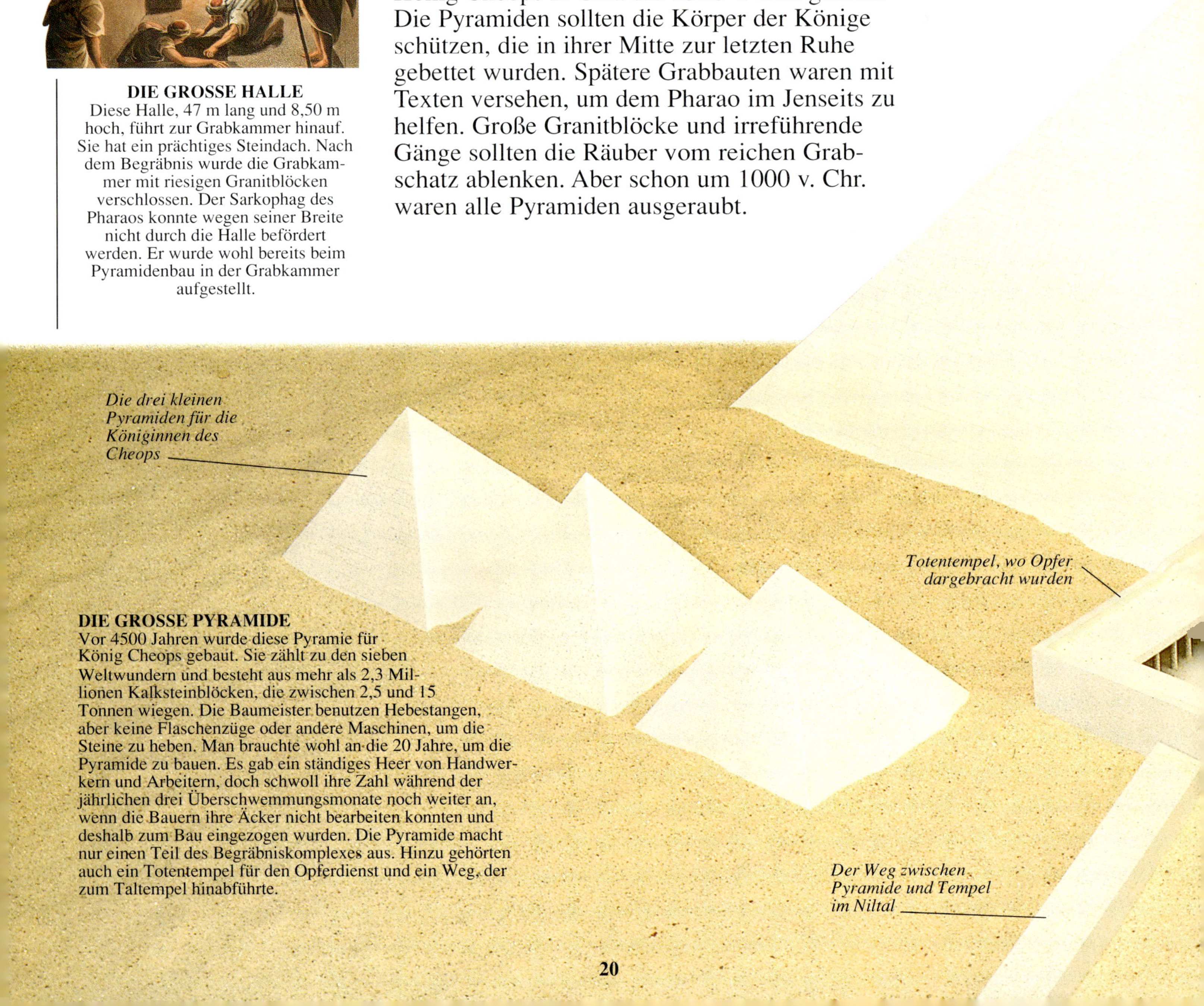

DIE GROSSE PYRAMIDE
Vor 4500 Jahren wurde diese Pyramie für König Cheops gebaut. Sie zählt zu den sieben Weltwundern und besteht aus mehr als 2,3 Millionen Kalksteinblöcken, die zwischen 2,5 und 15 Tonnen wiegen. Die Baumeister benutzen Hebestangen, aber keine Flaschenzüge oder andere Maschinen, um die Steine zu heben. Man brauchte wohl an die 20 Jahre, um die Pyramide zu bauen. Es gab ein ständiges Heer von Handwerkern und Arbeitern, doch schwoll ihre Zahl während der jährlichen drei Überschwemmungsmonate noch weiter an, wenn die Bauern ihre Äcker nicht bearbeiten konnten und deshalb zum Bau eingezogen wurden. Die Pyramide macht nur einen Teil des Begräbniskomplexes aus. Hinzu gehörten auch ein Totentempel für den Opferdienst und ein Weg, der zum Taltempel hinabführte.

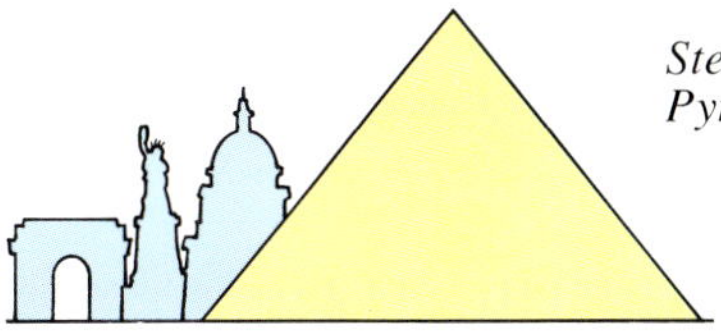

WIE HOCH?
Mit 146 m ist die Große Pyramide höher als der Triumphbogen in Paris (49,50 m), die Freiheitsstatue in New York (92 m) und die Kathedrale St. Paul in London (110 m).

EIN BLICK HINEIN
Dieses Modell der Großen Pyramide erlaubt einen Blick ins Innere. Es zeigt die ursprüngliche Kalksteinverkleidung, die im Mittelater abgetragen wurde, um die Stadt Kairo zu verschönern. Die unterste Kammer, die schon in den Felsen geschnitten war, könnte die zunächst geplante Grabkammer oder ein Irrgang sein, um Grabräuber zu täuschen. Der Zentralraum ist vermutlich eine weitere aufgegebene Grabkammer. Über dem Raum, in dem Cheops schließlich begraben wurde, sind fünf Kammern ausgespart, um das Gewicht der Steine besser zu verteilen.

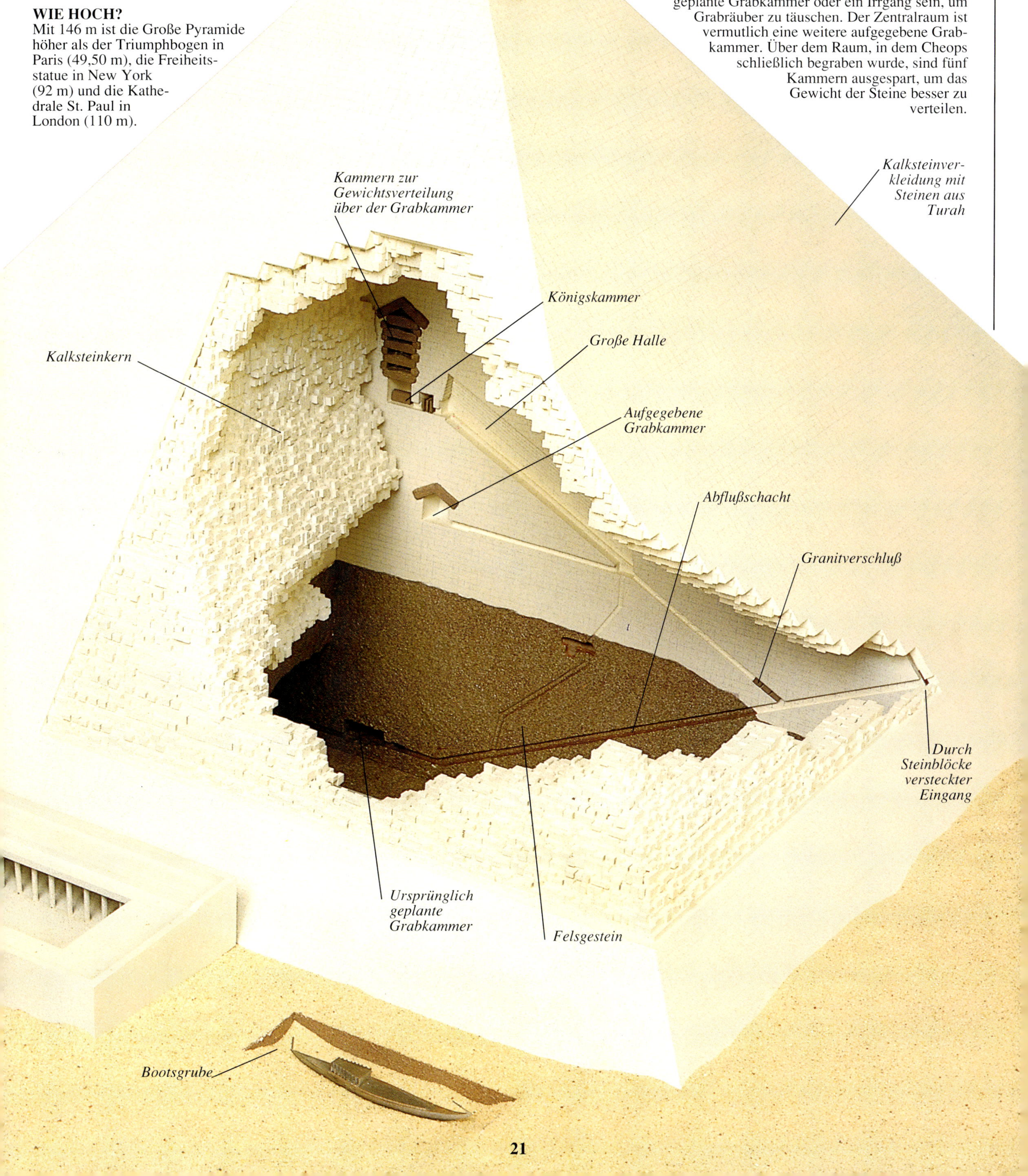

Das Tal der Könige

RAMSES VI.
Dieser König lebte um 1150 v. Chr. Hier sieht man einen Teil des Deckels, der zu dem tonnenschweren Granitsarkophag gehört.

Das Zeitalter der Pyramiden endete um 2150 v. Chr. Beinahe alle Pharaonen von Thutmosis I. (1504 v. Chr.) bis Ramses XI. (1070 v. Chr.) wählten ein Grab im Tal der Könige. Abseits vom Fruchtland lag das Tal in den Bergen westlich vom Nil. Im engen Taleingang konnten Wächter postiert werden. Einige Gräber lagen hoch im Felsen; das war ein Versuch, den Zugang zum Grab zu verbergen. Andere Gräber hinwiederum wiesen reich verzierte Eingänge auf und waren deshalb leicht erkennbar. Der gewöhnliche Grundriß sah einen langen Gang vor, der als „Weg des Sonnengottes“ bekannt ist. Am Ende des Ganges gab es einen Brunnen oder Schacht, um Regenwasser aufzunehmen oder Räuber abzuschrecken. Dahinter lag die „Goldene Halle“ mit dem Grab des Königs. Die Grabausstattung des Tutanchamun mit wertvollen Grabbeigaben ist die einzige, die den Grabräubern entging.

KEIN FREUNDLICHER EMPFANG
Dieser nilpferdköpfige Gott wurde im Grab des Thutmosis III. gefunden. Er sieht gefährlich aus, aber seine Wut ist nur gegen die Feinde des Königs gerichtet. Er stellt wahrscheinlich einen der Wächter der geheimen Tore dar, die ins Reich des Gottes Osiris führen.

HEILIGE SCHLANGE
Man dachte, das Tal würde von der Kobraschlange Meretseger geschützt. Die Arbeiter am Grab nahmen an, sie könnte Verbrecher oder meineidige Sünder blenden oder vergiften.

ES WAR EINMAL
Dieser Blick ins Tal der Könige, gemalt von David Roberts im 19. Jahrhundert, vermittelt einen Eindruck von der Einsamkeit dieser Gegend. Heute zerstören die moderne Straße, der Verkehr, die Touristen und die Stände der Souvenirverkäufer die ursprüngliche Atmosphäre.

VATER UND SOHN
Die Vorarbeiter, wie hier Iniherchawi, waren verantwortlich für die Materialausgabe an die Arbeiter. Sie mußten auch das Arbeitsteam organisieren, so daß nach den Steinbrechern die Verputzer und Zeichner ohne Verzögerung die Arbeit aufnehmen konnten. Dieses Bild des Iniherchawi stammt aus seinem bunt bemalten Grab.

UNBEKANNTER KÖNIG
Diese Königsstatue wurde im Grab des Tutanchamum gefunden, aber niemand weiß, warum sie dort aufgestellt wurde. Der König trägt die Rote Krone von Unterägypten. Sein Krummstab steht für das Königtum, seine Geißel für die Fruchtbarkeit des Landes.

DEIR EL-MEDINA
Diese Ruinen sind alles, was von dem Dorf der Königsgräberarbeiter übriggeblieben ist. Im 16. Jahrhundert v. Chr. wurde es gegründet und blühte 500 Jahre lang – ebensolange wie die Könige sich im Tal begraben ließen. Ungefähr 60 Familien lebten in diesen Häusern.

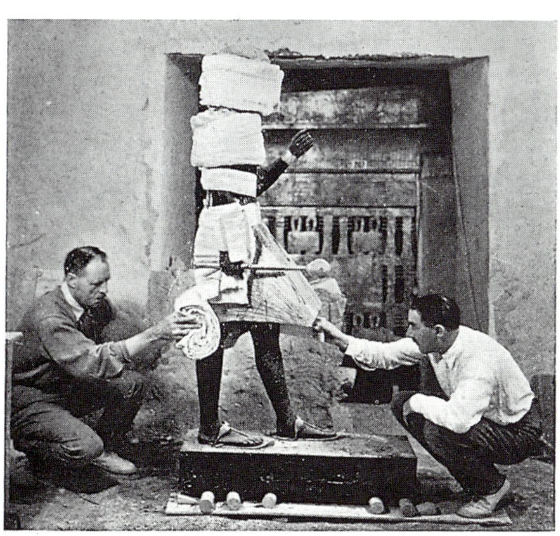

VORSICHT – ZERBRECHLICH!
Die zerbrechlichen Objekte aus dem Grab des Tutanchamun mußten für den Transport ins Museum von Kairo sorgfältig verpackt werden. Der Ägyptologe Howard Carter und Lord Carnarvon wickeln hier eine der Wächterstatuen ein.

Erstaunlicher Fund

Die Ruhestätte des jungen Königs Tutanchamun war das einzige Grab, das von Räubern beinahe vollständig verschont blieb. 1922 entdeckte Howard Carter dort Waffen, Kleider, Möbel, Schmuck, Musikinstrumente, Modellboote und unter anderem die berühmten Särge und die Goldmaske (s. S. 11). Viele Dinge sind aus massivem Gold oder mit Blattgold belegt. Der König wurde mit zwei totgeborenen Töchtern beerdigt. Außerdem fand man eine Haarlocke der Königin Teye.

Götter und Göttinnen

Die Ägypter verehrten Hunderte von verschiedenen Göttern und Göttinnen, und es ist manchmal schwierig, sie voneinander zu unterscheiden. Viele Götter werden durch Tiere verkörpert. Zum Beispiel konnte sich ein Pavian für Thot, den Gott der Weisheit, in einem Tempel befinden und für den Mondgott Chons die gleiche Figur in einem anderen. Jeder der 42 Gaue hatte seinen eigenen Gott, und daneben gab es viele andere. Fast überall in Ägypten war der Sonnengott die wichtigste Gottheit, obwohl er verschiedene Formen annehmen konnte. Am Morgen konnte er Skarabäus Chepri sein, der die Sonnenscheibe über den östlichen Horizont rollt. Zur Mittagszeit wurde die Sonne zu Re-Harachte, dem großen, im Himmel schwebenden Falken. Er war verantwortlich für die Schöpfung der Menschen und Tiere, für die Fruchtbarkeit des Bodens und ebenso für die Fahrt des Königs durch die Unterwelt. Als Amun-Re war er König der Götter und Schützer des Pharaos, wenn dieser einen Feldzug führte. Pharao Echnaton verehrte den Sonnengott als Sonnenscheibe, dessen Strahlenenden wie Hände gebildet waren, die der königlichen Familie das Lebenszeichen präsentierten. Während seiner Regierungszeit wurden alle anderen Götter vernachlässigt, aber Tutanchamun kehrte zum alten Glauben zurück.

DIE GÖTTER UND IHRE BILDHAUER
Dieser Ausschnitt von einem Bild aus dem 19. Jahrhundert zeigt, wie sich der Maler einen ägyptischen Betrieb vorstellte, in dem Götterfiguren gefertigt wurden. Die Katze steht Modell für die Göttin Bastet.

AMULETTE
Das Udschat-Auge symbolisiert das rächende Auge des Sonnengottes, aber auch das Auge des Horus, das von Seth im Streit herausgerissen und mit magischen Mitteln wiederhergestellt wird. Der Skarabäus symbolisiert den Sonnengott Chepri. Der richtige Käfer rollt eine Mistkugel, und die Ägypter stellten sich vor, daß die Sonne ähnlich bewegt würde. Der Ibis ist das Tier des Thot, des Gottes der Weisheit und Heilkunst.

AMUN-RE *(rechts)*
Amun-Re wurde im Neuen Reich zum Hauptgott. Er überreichte den großen Kriegsherren wie Thutmosis das Krummschwert des Sieges. Man nahm an, sein Wesen sei geheimnisvoll, selbst für die anderen Götter.

THOT *(unten)*
Der gekrümmte Schnabel des Ibis ist wie der Halbmond geformt, deshalb wurde der Vogel zum Symbol des Mondgottes Thot. Er brachte den Ägyptern die Kenntnis des Schreibens, der Medizin und Mathematik und galt als Schutzgott der Schreiber.

VERANTWORTUNGSVOLLER POSTEN
Schakale suchten früher die Friedhöfe heim, deshalb brachte man sie mit Begräbnissen in Verbindung. Man glaubte, der Schakalgott würde das Land der Toten beschützen. Anubis überwachte auch die Einbalsamierung und den Ort, an dem die Mumifizierung stattfand.

GÖTTER DES WOHLSTANDS
Diese Götter binden Lotus und Papyrus, die Pflanzen von Ober- und Unterägypten, an ein Schriftzeichen, das „Vereinigung“ bedeutet. Oft werden sie „Nilgötter“ genannt. Sie gelten als Symbolfiguren der Fruchtbarkeit, die die Überflutung des Nils jährlich mitbringt.

AUGE IN AUGE
Der König Ägyptens galt als Verkörperung des Gottes Horus und war daher selber ein Gott. Dieses Relief zeigt Thutmosis III. vor Horus. Der falkenköpfige Gott war auch eine Sonnengottheit, ein Falke hoch am Himmel, dessen Augen man als Sonne und Mond verstand.

GESTATTEN . . . ICH HEISSE BASTET
Die Katzengöttin Bastet war die Tochter des Sonnengottes Re. Viele bronzene Katzenfigürchen wurden ihr im heute zerstörten Tempel im nordöstlichen Delta geweiht.

Silbernes Halsband mit Udschat-Auge

Skarabäus

EMPFANGSCHEF
Osiris wurde auch „Erster der Westlichen" genannt, denn im Westen lag der Eingang zur Unterwelt. Das Königreich des Osiris unter der Erde ähnelte Ägypten.

Krummstab und Geißel sind die Herrschaftszeichen von Osiris, dem König der Unterwelt

Krone mit Straußenfedern

GROSSER GEBIETER
Der widderköpfige Gott Chnum hat Gewalt über die gefährlichen Stromschnellen des Nils. Auf sein Wort hin erhob sich der Nilgott Hapi und überflutete das Land.

Magie und Medizin

Holztafel des Hesire, der wahrscheinlich um 2700 v. Chr. königlicher Zahnarzt war.

Dachte man, die Götter nähmen keinen Anteil am Leben, dann wandte man sich der Magie zu, um Hilfe bei Gefahren wie Kindsgeburt, Kindstod oder Fieber zu finden. Die Ägypter hatten auch ein großes medizinisches Wissen. Medizinbücher beschreiben, wie man damals Krankheiten behandelte, und sie zeugen von detaillierten Anatomiekenntnissen, zum Beispiel erwähnen sie die Wichtigkeit des Herzens, oder wie es am Hinterkopf und am Arm „spricht". Es gab Heilmittel gegen Augenleiden, Tumore und weibliche Beschwerden. Die Ägypter glaubten, daß viele Krankheiten durch wurmartige Wesen im Leib verursacht würden. Ärzte und Magier arbeiteten zusammen, benutzten Medikamente und Sprüche, um Schlangenbisse und Skorpionstiche zu behandeln. Mit Magie versuchten sie, sich vor Krankheiten und Totengeistern zu schützen. Briefe an tote Verwandte schrieb man auf Gefäße und legte sie in Gräber, wenn man glaubte, der Geist sei verärgert. Gefahren begegnete man auch mit Amuletten und Zauber.

Kopfstütze als Amulett

Knotenamulett

VIELLEICHT HILFT'S
Amulette trug man an Halsketten oder Armbändern, oder man legte sie zwischen die Leinenbinden einer Mumie. Man nahm an, sie könnten alle Gefahren abwenden.

Sogenannter Djed-Pfeiler

Nützliche Pflanzen

Pflanzen spielten eine wichtige Rolle in Magie und Medizin. Manche waren sehr geschätzt, so importierte man sogar Wacholderbeeren aus dem Libanon. Knoblauch wurde, wie noch heute in manchen Gegenden, gern für Medikamente verwendet, aber auch für magische Experimente.

Lotusblüte

LOTUS AUF PLATZ 1
Lotus war als Zierpflanze in Ägypten sehr beliebt. Sein Bild zierte Tempel und häusliche Gegenstände.

WACHOLDERBEEREN
Körbe voller Beeren stellte man ins Grab. Man entdeckte sogar Wacholder in königlichen Mumien. Der Saft wurde in Reinigungsritualen verwendet.

MUT ZUR FARBE
Henna diente zum Rotfärben von Haar und Haut und sollte Gefahren abwenden.

KNOBLAUCH
Diese Pflanze sollte Schlangen und Bandwürmer vertreiben.

HÖR UNSER GEBET!
Auf dieser Platte steht ein Gebet an den Gott Ptah; die vielen Ohren sollten ihm helfen, es zu hören.

NICHT SCHÖN, ABER ANGEBETET
Gebete an die Göttin Taweret waren wichtig bei der Geburt. Sie ist als schwangeres Nilpferd dargestellt. Durch ihr wildes Aussehen vertreibt sie alles Übel für die schwangere Frau.

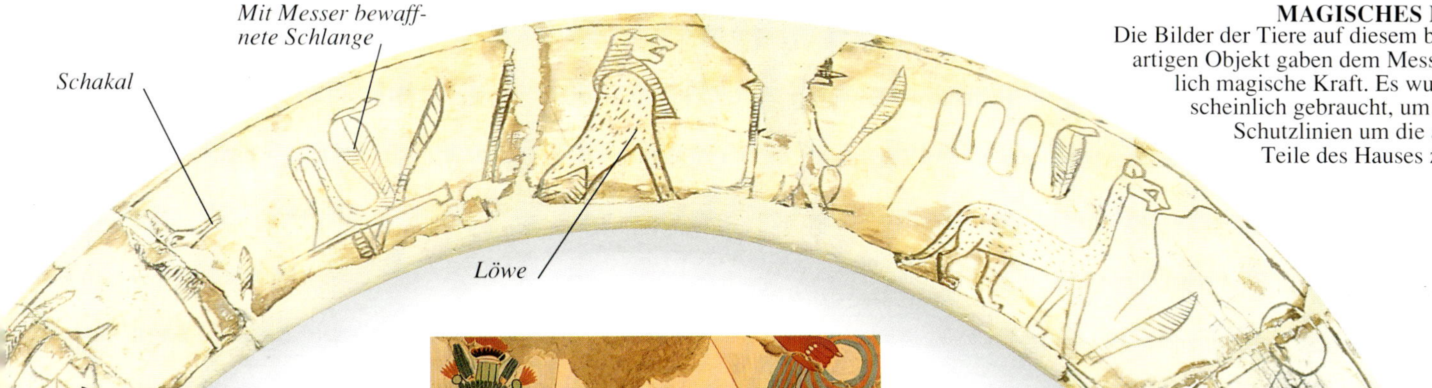

MAGISCHES MESSER
Die Bilder der Tiere auf diesem bumerangartigen Objekt gaben dem Messer angeblich magische Kraft. Es wurde wahrscheinlich gebraucht, um magische Schutzlinien um die anfälligen Teile des Hauses zu ziehen.

ZUM OPFER BEREIT
Diese Malerei zeigt ein mit Blumen geschmücktes Kalb, das geopfert werden soll. Speiseopfer werden Tempelgöttern gebracht (s. S. 30).

GEDÄCHTNISSTÜTZE
Auf diesem Kalenderpapyrus sind die glückverheißenden Tage mit schwarzer Tinte geschrieben, die Unglück bringenden mit roter. Die rote Farbe erinnert an trockene Wüsten und wurde oft mit Unheil in Verbindung gebracht.

EIN GOTT FÜR JEDERMANN
Bes war in allen Gesellschaftsschichten populär. Hier ist er als Tänzer auf einer Lotusblume dargestellt, mit einem Tamburin in der Hand. Bes ist teilweise ein Zwerg, teilweise ein Löwe. Er hat groteske Züge, die Zunge hängt heraus, und oft trägt er eine Waffe. Als Schutzgott sollte er für das Wohlergehen der Neugeborenen und der Familie sorgen.

JUGENDLICHER HELD
Diese magische Platte, auch Stele genannt, sollte gegen die natürlichen Gefahren im alten Ägypten wirken. Horus das Kind (Harpokrates), der Sohn von Isis und Osiris, steht auf dem Rücken der Krokodile und verhindert ihr Zubeißen. In seinen Händen hält er gefährliche Wüstentiere: Schlangen, Skorpione, Löwen und Gazellen, die manchmal als Unglücksboten galten. Horus, obwohl noch Kind mit jugendlicher Seitenlocke, hat die Macht der Isis in sich und ist stark genug, das Haus zu schützen.

Priester und Tempel

MAHLZEIT !
Der Ibis wurde verehrt, weil er dem Gotte Thot heilig war. Dieser Ausschnitt aus einem phantasievollen Gemälde des 19. Jh. zeigt eine Priesterin, die Ibisse füttert.

Eigentlich sollte der Pharao die Pflichten eines Oberpriesters in allen Tempeln übernehmen, aber sein Platz wurde gewöhnlich vom jeweiligen Hohepriester eingenommen. In solchen Tempeln wie dem in Karnak (Theben), der dem Amun-Re, König der Götter, geweiht war, hatte der Hohepriester großen Einfluß. Er kontrollierte den riesigen Besitz an Ländereien und Schätzen des Tempels. Oft war das Priesteramt erblich. Die Priester kannten eine Rangordnung im Tempel; sie nannten sich „Gottesdiener“ und unterschieden in der Rangfolge vom „Ersten“ bis zum „Vierten“. Priester der unteren Klassen nannte man „Gottesväter“ oder Wab („die Reinen“). Sie mußten im Tempel monatsweise Dienst tun, sorgten für das Tempeleigentum und führten Verwaltungsakten.

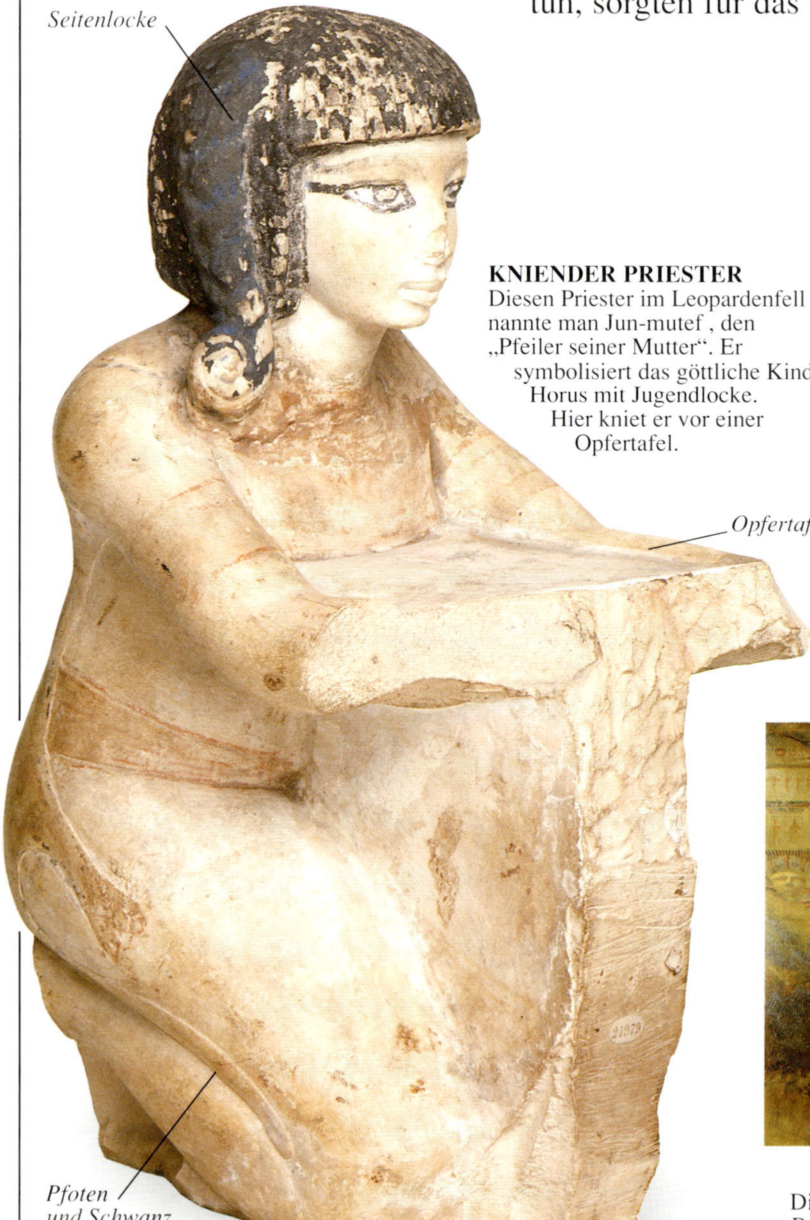

KNIENDER PRIESTER
Diesen Priester im Leopardenfell nannte man Jun-mutef , den „Pfeiler seiner Mutter“. Er symbolisiert das göttliche Kind Horus mit Jugendlocke. Hier kniet er vor einer Opfertafel.

KEIN EINGANG
Hofbeamte besaßen Grabkapellen mit Scheintüren, die die Verbindung zwischen Grab- und Opferstelle herstellten. „Seelenpriester“ stellten Speise und Trank davor. Auf dieser Scheintür werden Opferträger gezeigt, die Fleisch, Geflügel und Brot ins Grab tragen.

DER TEMPEL VON DENDERA
Dieser Tempel der Göttin Hathor stammt aus der Zeit, als Griechen und Römer in Ägypten herrschten (s. S. 32-33). Auf einer Rückwand ist die Königin Kleopatra zu sehen, die Köpfe der Säulen gehören aber zu Hathor.

DER LETZTE TEMPEL
Diese Malerei von David Roberts, der im 19. Jh. Ägypten bereiste, zeigt den Isis-Tempel auf der Insel Philae. Das war der letzte Tempel, der an die Christen fiel. Der römische Kaiser Justinian ließ ihn im 6. Jh. schließen und bestimmte die Umwandlung in eine Kirche.

KOLOSSAL !
Nahe der zweiten Nilstromschnellen bei Abu Simbel in Nubien ließ Ramses II. zwei Tempel in den Sandsteinfelsen meißeln. Diesen Tempel errichtete er für die drei Hauptgötter – Amun, Re-Harachte und Ptah – und sich selbst. Vier riesige Statuen flankieren den Eingang.

Obelisken

Die Ägypter errichteten Steinobelisken, auf denen königliche Titel und Weihschriften standen. Die Spitze des Obelisks verkörpert den Hügel, auf dem der Sonnengott stand, als er das Universum schuf.

TÜR-PFOSTEN ?
Dieser Obelisk war einer von zweien, die vor dem Eingang des Luxor-Tempels standen. Der andere wurde dem König von Frankreich überlassen und steht heute in Paris.

DER DENKER
Der Priester scheint einen bekümmerten Gesichtsausdruck zu haben. Doch sollten Stirnfalten und Tränensäcke andeuten, daß er ein meditatives, sinnendes Leben führe. Er hat eine Glatze, denn die meisten Priester mußten ihr Haar scheren.

EDLES STÜCK
Das ist der Sarg einer Priesterin, die dem Gott Amun diente und zu seinen Ehren sang. Sie hatte drei Särge, aber dieser aus vergoldetem Holz ist der schönste. Ihr Gesicht ist so modelliert, wie sie für die Ewigkeit ausschauen wollte.

Heilige Rituale

Nur wenige auserwählte Priester durften an Zeremonien im Tempelheiligtum teilnehmen. Von Weihrauchduft und Lampenschein umgeben und von geweihtem Wasser aus dem Heiligen Tempelsee benetzt, näherte sich der Hohepriester dem Schrein. Dann brach er das Siegel an der Tür des Schreins und enthüllte die goldene Götterstatue. Er dekorierte sie neu, bevor er Speisen opferte. Dann verließen die Priester das Heiligtum, und einer von ihnen fegte zuletzt den Boden, um jede Spur ihrer Gegenwart zu verwischen.

SITULA
Dieses Bronzegefäß, Situla genannt, enthielt geweihtes Wasser aus dem Tempelsee. Es ist mit Bildern verschiedener Götter und früherer Herrscher dekoriert.

Halb- und Vollmonde werden von Pavianen angebetet.

Zapfen am Gefäßboden, damit die Situla in einem Ständer Halt hatte.

GRÜNSPAN
Mit Metallvasen wurde geweihtes Wasser über Opfertafeln gegossen, damit die Gottheit die Reinheit des Opfers erkannte. Manchmal enthielten sie Wasser und Natron, die beim rituellen Waschen vor und nach dem Essen bei einem Tempelfest benötigt wurden.

ANBETUNG
Diese Priesterin mit Namen Deniu-en-Chons opfert dem Re-Harachte. Der falkenköpfige Gott trägt sowohl das Anch, das ägyptische Lebenszeichen, als auch die königlichen Symbole Krummstab und Geißel.

Napf, in dem Weihrauch verbrannt wurde.

Behälter für Weihrauchkügelchen

PROZESSION DER PRIESTER
Der Führer der kahlköpfigen Priester trägt einen Räucherarm und verteilt heiliges Wasser.

OPFERTAFEL
Diese Bronzetafel zeigt einen Priester, der heiliges Wasser auf das Opfer gießt. Runde Brote und eine Wasservase werden einem Gott geopfert. Vorn ist ein Abfluß, durch den das Wasser ablaufen kann.

ÜBERBLEIBSEL
Priester trugen Standarten während ihrer Prozessionen. Nur die Figürchen auf den Aufsätzen der Tragestangen sind übriggeblieben. Dieser Aufsatz zeigt ein Bündel Papyruspflanzen, auf dem der Falkengott Horus steht, der mit dem regierenden König identifiziert wird. Horus trägt die kombinierte Krone von Ober- und Unterägypten.

Das Bild zeigt, wie man den Räucherarm benutzte.

DUFTENDER WEIHRAUCH
Weihrauch verbrennt, und Duft breitet sich aus. Man glaubte, im Tempel errege der angenehme Geruch die Aufmerksamkeit des Gottes. Dieser bronzene Räucherarm hat einen Falkenkopf am Ende.

FÜR DIE GÖTTLICHE SCHÖNHEIT
Normale Kosmetikgeräte wie Spiegel und Schminkpaletten wurden auch im Tempel für den Gott bereitgelegt. Dieser Kultspiegel zeigt religiöse Symbole. Der Griff endet in einem Halbmond, der in der Mitte den falkenköpfigen Mondgott Chons aufweist. Hathorköpfe zieren die Pfeiler auf der Spiegelfläche. Die Göttin Mut (Frau Amuns und Mutter von Chons) erhält einen Spiegel von ihrer Priesterin.

Schreiber und Gelehrte

SCHREIBKUNDIG
Dieser Schreiber hält eine Papyrusrolle auf den Knien. Schreiber wurden in der ägyptischen Kunst gewöhnlich sitzend dargestellt.

Schreiber gehörten beinahe zur Spitze der ägyptischen Gesellschaft, und fähige Männer konnten schnell Karriere machen – Haremhab wurde sogar König. Die Schulzeit war hart. Vom 9. Lebensjahr an mußte man fünf Jahre lang büffeln. Dies war nicht leicht, denn die Schüler sahen Jungen gleichen Alters auf den Feldern spielen. Schultexte berichten über Tadel und körperliche Strafen. Zum Ansporn der Schüler schilderte man übertreibend die Mängel anderer Berufe. Metallarbeiter und Juweliere würden an der Hitze ihrer Öfen ersticken, und die Weber müßten sich mit beengten Verhältnissen abfinden. Aber der Schreiber besäße Autorität, Freiheit von Steuer und Arbeitsdienst und sei durch seine Schriften unsterblich.

PAPYRUS
An den Ufern des Nils wuchs der dreieckige Stengel des Papyrus vier Meter hoch. Durch Raubbau für Boote und Schreibmaterial gibt es kaum noch Papyrus in Ägypten, doch wird heute versucht, ihn wieder dort anzupflanzen.

GÄNSEZÄHLUNG
Dieser Schreiber zählt die Gänse eines Landgutes. Die Summe wird er in einer Steuerliste notieren. Seinen Aktenkorb hält er vor sich, Schreibpalette und Stifte klemmt er unter den Arm.

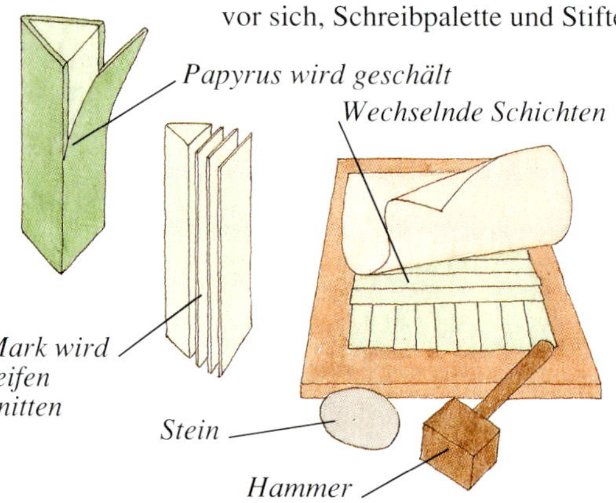

PAPYRUSBLATT – SO WIRD'S GEMACHT
Die Papyrusmarkstreifen werden in zwei Schichten waagerecht und senkrecht übereinandergelegt, mit Leinen bedeckt und mit einem Stein oder Hammer plattgedrückt. Durch den eigenen Saft verbinden sie sich.

Stein zum Zerreiben der Farbpigmente

BASALTPALETTE
Die Zeichnung um die Vertiefung stellt den Königsring dar. Die Pigmente konnten aus Holzkohle und Ruß für Schwarz und aus rotem Ocker oder blauen und grünen Mineralien gewonnen werden.

Zeichner

Die ägyptischen Künstler waren Berufsschreiber, die sich auf Zeichnungen im Königs- oder Totenkultbereich spezialisieren konnten. An unfertigen Gräbern wie dem des Königs Haremhab kann man die verschiedenen Stadien des Farbauftrags erkennen. Zunächst wurde häufig in roter Farbe vorgezeichnet, dann konnte man noch mit schwarzen Umrißlinien Korrekturen vornehmen. Schließlich wurden die Flächen zwischen den Linien mit Farbe ausgefüllt, oder Bildhauer schnitten ein Relief, das dann bemalt wurde.

SKIZZENTAFEL
Ein Quadratnetz ermöglichte die richtige Proportionszeichnung des Körpers. Hier ist Thutmosis III. auf diese Art gemalt worden.

HOLZPALETTE
Die meisten Schreiber hatten eine Holzpalette bei sich, selbst auf Geschäftsreisen und bei der Steuereintreibung.

Name von Ramses I.

Schilfrohr als Schreibgerät

UNTER KONTROLLE
Zwei Schreiber scheinen eifrig die Worte des Aufsehers niederzuschreiben. Beachte den „Briefkasten“ und den Aktenbehälter vor ihnen.

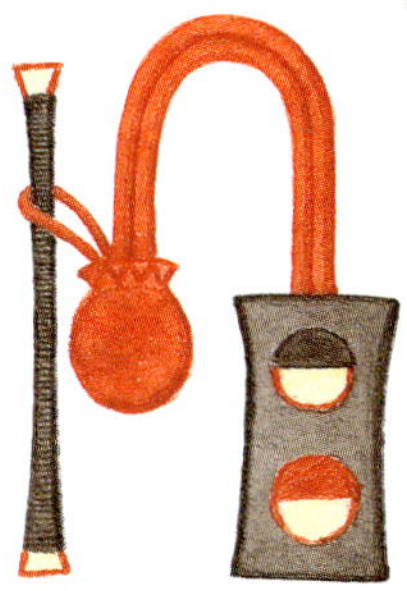

ZEICHEN FÜR „SCHREIBER“
Diese Hieroglyphe zeigt einen Halter für den Stift, einen Wassernapf zum Anrühren der Farbe und eine Palette. Zusammen bilden sie das Zeichen für „Schreiber“.

RÜSTZEUG
Der dicke Quast aus Papyrusschnur wurde von Malern benutzt, um große Flächen in Gräbern und Tempeln auszufüllen. Mit dem Pinsel daneben wurden vielleicht dicke Hieroglyphen gezeichnet.

Die Kunst des Schreibens

Schreiber mußten Hieroglyphen beherrschen, ungefähr 700 Zeichen einer kunstvollen Bilderschrift. Hieroglyphen benutzte man auf Steindenkmälern, in Tempeln und Gräbern und für religiöse Papyri. Man konnte sie von rechts nach links, links nach rechts oder von oben nach unten schreiben. Verträge, Briefe und Geschichten schrieb man von rechts nach links in einer Art Schnellschrift der Hieroglyphen, dem Hieratischen. Später entwickelte man die demotische Schrift, die man noch schneller schreiben konnte als Hieratisch. Sie wurde meist für Urkunden gebraucht. Mit der Eroberung Ägyptens ging die alte Kultur langsam unter, und die Schreiber mußten auch das Griechisch der neuen Herren lernen.

SCHILDCHEN
Schreiber benutzten Schildchen, um Papyri zu etikettieren. Dieses wurde in der Zeit von Amenophis III. geschrieben und handelt von einem Sykomorenbaum.

IMHOTEP
Dieser gelehrte Schreiber lebte vor 4500 Jahren. Er gilt als Architekt der ersten Pyramide, die in Saqqara steht. Nach seinem Tode glaubte man an seine grenzenlose Weisheit und vergöttlichte ihn sogar. Hier entrollt er eine Papyrusrolle.

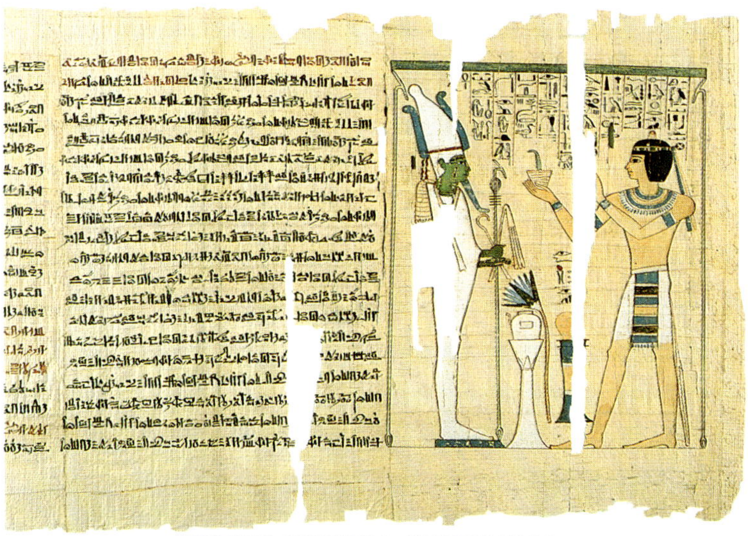

WENN'S SCHNELL GEHEN SOLL
Auf Papyrus schrieb man gewöhnlich in einer Schnellschrift, dem Hieratischen. Auf diesem Papyrus erscheinen Hieroglyphen über dem Bild des Priesters, der dem Gott Osiris ein Opfer bringt. Links davon steht Hieratisch.

KÖNIGLICHES TÜRSCHILD
Die Hieroglyphen auf dem Metallschild besagen: „Der geliebte Sohn des Re, Amenophis, der Gott und Herrscher von Theben, wird ewig leben."

Königsname im ovalen Rahmen, Kartusche genannt

Kartusche mit Namen des Mery-Re

Name des Beamten

ZYLINDERSPIEGEL
Texte auf Siegeln nennen den Besitzer und dessen Aufgabenbereich. Auf diesem liest man den Namen des Königs Mery-Re und den eines Beamten. Rechts sieht man einen Abdruck dieses Zylinderspiegels.

Ober-
seite

Unterseite

Kleiner Skarabäus

EIGENTLICH EIN MISTKÄFER
Der Sonnengott als Käfer wurde häufig auf Siegelstempeln abgebildet. Der Text auf der Unterseite enthielt den Namen, Titel oder andere Informationen, die man auf Lehm oder Papyrus stempeln wollte. Dieser große Skarabäus teilt uns mit, daß Amenophis III. 102 Löwen tötete.

BILDERSCHRIFT
Schreiber wählten für ihre Schrift Objekte ihrer Umwelt. Die Eule steht für den Konsonanten „m"; in dieser Inschrift ist die Eule Teil des Königsnamens „Amun-em-hat".

Der Rosettestein

Als der letzte Tempel im 6. Jahrhundert n. Chr. geschlossen wurde, verlor sich das Wissen um Hieroglyphen bis zur Entdeckung dieses Steines im Jahre1799. Der dreisprachige Stein weist unten Griechisch, in der Mitte Demotisch und oben Hieroglyphisch auf. Er war zunächst in einem Tempel aufgestellt und enthält einen Dank an den griechischsprachigen König von Ägypten Ptolemaios V., der im 2. Jahrhundert v. Chr. herrschte. Da alle Schriften denselben Text aufweisen, konnten die Hieroglyphen durch Vergleich entziffert werden.

JEAN-FRANÇOIS CHAMPOLLION
Champollion entzifferte die ägyptischen Hieroglyphen mit Hilfe des dreisprachigen Rosettesteines. 1822 stellte er seine Entzifferung der Fachwelt vor.

GAR NICHT SO EINFACH
Als man die Königsnamen Ptolemaios und Kleopatra, die man im griechischen Text las, im hieroglyphischen Teil wiederfand, konnte man mit diesen gewonnenen Ergebnissen ein Wort nach dem anderen lesen und die Hieroglyphen allmählich entziffern.

ÜBUNG MACHT DEN MEISTER
Schüler mußten schwierige Hieroglyphen immer wieder üben. Hier hat einer das Entchen-Zeichen mehrfach geprobt, das für das Wort „Wesir" benötigt wird. Der Schreiber übte auch den Löwenkopf, der in einer Szene im Totenbuch erscheint.

Kriegswaffen

Soldaten spielten in Ägypten erstmals um 3000 v. Chr. eine bedeutende Rolle. Später unternahmen die Pharaonen Feldzüge nach Palästina, Syrien und Nubien. Die ägyptische Armee war gut organisiert, vom Pharao als Feldherr bis zum Offizier für 50 Soldaten. Der Armee-Schreiber schrieb Befehle und Kriegsberichte. Es gab Infanterie und Wagenkämpfer. Der Streitwagen aus Holz wurde von zwei Pferden gezogen und war mit zwei Soldaten bemannt. Von dieser beweglichen Plattform aus konnten die Bogenschützen die Feinde angreifen. In Friedenszeiten wurden die Soldaten für andere Zwecke eingesetzt, um zum Beispiel Bewässerungsgräben auszuheben oder Steine zu transportieren.

Soldaten tragen Speere, Schilde und Streitäxte.

Zeremonialaxt in Durchbruchsarbeit

Lange Schneide

Streitaxt

Axt mit Silberschaft

Silbernagel

KOMM MIR NICHT ZU NAHE!
Die Axt wurde überall im Mittleren Osten als Waffe eingesetzt. Die Axt mit dem Silbergriff hat eine lange Schneide. Die Axt mit Durchbruchsarbeit wurde bei Festen getragen, aber vielleicht auch im Kampf, so wie die Waffe daneben.

LEICHT ÜBERTRIEBEN
Diese Szene auf einem Kasten aus dem Grab Tutanchamuns zeigt den König, wie er Nubier angreift. Er fährt allein auf dem Wagen, den zwei Pferde ziehen. In Wirklichkeit müßte ein Wagenlenker für ihn die Pferde führen.

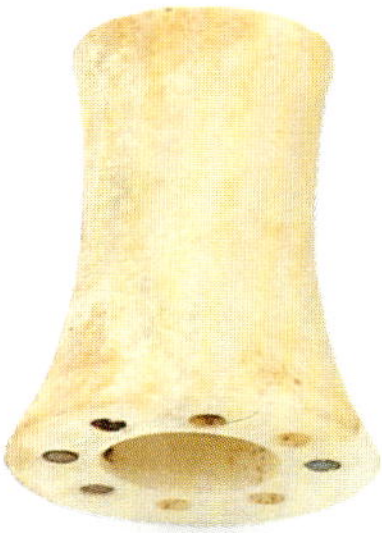

Feuersteinspitzen

Bronzespitzen

FINGERHUT

Bogenschützen zogen die Bogensehnen beinahe bis ans Ohr. Dieser Fingerschutz aus Knochen verhinderte, daß sich die straffe Tiersehne beim Spannen des Bogens ins Fleisch schnitt.

KLEIN ABER TÖDLICH

Die ersten Pfeilspitzen waren aus Feuerstein oder Ebenholz. Später wurde Bronze verwendet. Die hufeisenförmigen Spitzen sollten verwunden, die scharfen dreieckigen sollten sofort töten.

IM GLEICHSCHRITT – MARSCH!

Neben Schutz bietenden großen Holzschilden sind diese Infanteriesoldaten mit Streitäxten und Speeren bewaffnet.

Tutanchamun trägt einen Handgelenkschutz

NICHT VERWECHSELN

Schwerter waren mit längeren Griffen versehen als Dolche. Man konnte sie fester greifen, und auch ihre Klinge war länger.

JAGD- ODER KRIEGSPFEIL?

Mit seiner stumpfen Spitze und dem Rohrschaft könnte dieser Pfeil eine Waffe des Jägers sein, aber die Länge weist auf ein Kriegsgerät hin.

Dolch

Kurzschwert

Langschwert

ORDEN

Fliegen aus Gold wurden großartigen Kämpfern als Orden überreicht. Man dachte, die Helden umschwirrten die Feinde wie Fliegen.

DOLCH

Traditionelle Dolche haben feine, schmale Kupferklingen, die mit Streifen dekoriert sind. Das Oberteil der Schneide ist an den Griff genietet. Der Knauf aus Elfenbein oder Knochen am Griffende paßte gut in die Handfläche. Dolche trug man entweder offen im Gürtel oder in einer Holzscheide mit Goldüberzug.

HANDGELENKSCHUTZ

Ein Bogenschütze trug diesen Schutz an seinem linken Handgelenk, um sich vor dem Vorschnellen der Sehne zu schützen, wenn sie losgelassen wurde. Der zungenförmige Ansatz reichte bis in die Handfläche.

Segeln auf dem Nil

Der Nil war die Hauptverkehrsachse Ägyptens. Die ersten Boote fertigte man aus Papyrusstengeln, aber bald waren Werften damit beschäftigt, Boote aus Holz zu zimmern. Der beste Beweis für die Geschicklichkeit der Schiffsbauer ist ein Boot von 40 m Länge, das vor 4500 Jahren für König Cheops gebaut und neben der Großen Pyramide in einer Grube vergraben wurde. Es war eine kiellose Barke mit einer Kabine für den König und sollte Cheops wahrscheinlich ins Jenseits bringen. Tempelreliefs zeigen andere große Schiffe, die riesige Pfeiler und Granitobelisken von dem weit entfernten Assuan transportieren. Sowohl kleine Transportschiffe für Getreide wie Staatsschiffe des Königs oder der Beamten vervollständigen unser Bild von der Nilschiffahrt. Die Ägypter gaben den Schiffen Namen, wie wir es tun. Zum Beispiel war ein Schiffer erst Kapitän eines Bootes namens „Norden" und wurde später zum Kapitän des Schiffes „In Memphis erscheinen".

DIE RA-EXPEDITION
Die ersten Boote waren aus zusammengebundenen Papyrusstengeln gefertigt. Der Abenteurer Thor Heyerdahl segelte in seinem Papyrusboot „Ra" von Ägypten nach Amerika. Er bewies nicht, daß die Ägypter das gleiche getan hatten, aber er zeigte, daß sie es gekonnt hätten.

FRISCHE FISCHE
Diese beiden Papyrusnachen werden von jeweils zwei Ruderern vorwärtsgetrieben. Zwischen den Booten hängt ein Schleppnetz, in dem schon Fische gefangen sind. „Schwimmer" sind am Netzrand befestigt. Die Fischer ziehen gerade das Netz mit dem Fang ein.

SEGELN DURCH DIE JAHRTAUSENDE
Im 19. Jahrhundert waren Segelboote wie dieses Zweimastschiff, Dhau genannt, genauso häufig wie in alten Zeiten.

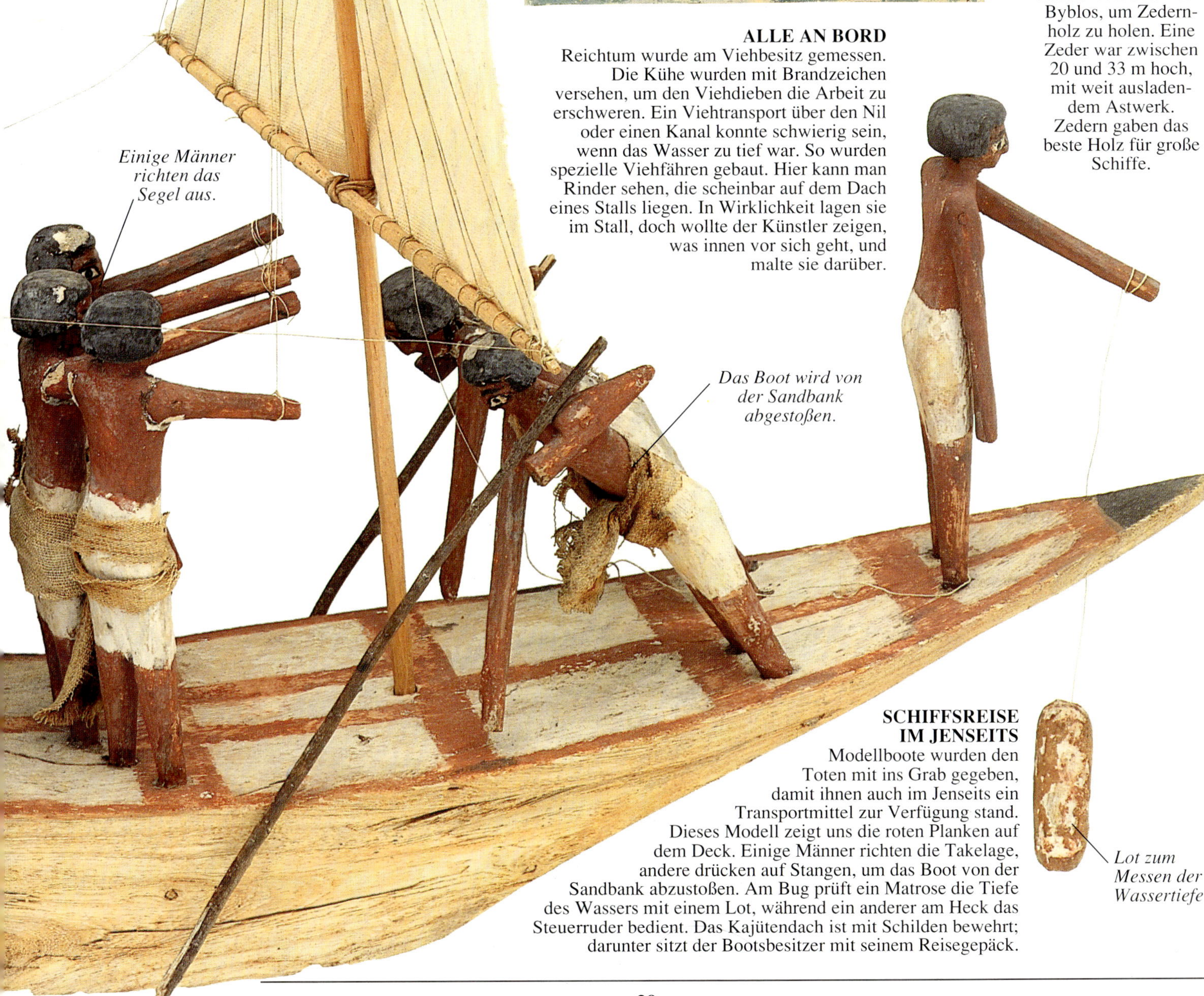

IN ARBEIT

Ein kleines Boot wird von Balken gestützt, während Arbeiter Nägel einschlagen und die Steuerruderhalterung befestigen. Andere Zimmerleute biegen die Planken, damit sie passend am Rumpf anliegen. Durch Festzerren der Seile mit Hilfe von Stöcken erreichen sie, daß die Planken sich biegen.

ZEDERN VOM LIBANON

Auf den Hügeln im Libanon und in Syrien wuchsen die für den Schiffbau wertvollen Zedern und Wacholder. Schon König Snofru sandte 40 Boote nach Byblos, um Zedernholz zu holen. Eine Zeder war zwischen 20 und 33 m hoch, mit weit ausladendem Astwerk. Zedern gaben das beste Holz für große Schiffe.

ALLE AN BORD

Reichtum wurde am Viehbesitz gemessen. Die Kühe wurden mit Brandzeichen versehen, um den Viehdieben die Arbeit zu erschweren. Ein Viehtransport über den Nil oder einen Kanal konnte schwierig sein, wenn das Wasser zu tief war. So wurden spezielle Viehfähren gebaut. Hier kann man Rinder sehen, die scheinbar auf dem Dach eines Stalls liegen. In Wirklichkeit lagen sie im Stall, doch wollte der Künstler zeigen, was innen vor sich geht, und malte sie darüber.

SCHIFFSREISE IM JENSEITS

Modellboote wurden den Toten mit ins Grab gegeben, damit ihnen auch im Jenseits ein Transportmittel zur Verfügung stand. Dieses Modell zeigt uns die roten Planken auf dem Deck. Einige Männer richten die Takelage, andere drücken auf Stangen, um das Boot von der Sandbank abzustoßen. Am Bug prüft ein Matrose die Tiefe des Wassers mit einem Lot, während ein anderer am Heck das Steuerruder bedient. Das Kajütendach ist mit Schilden bewehrt; darunter sitzt der Bootsbesitzer mit seinem Reisegepäck.

TAUSCHHANDEL
Im Tausch konnte man ein Sandalenpaar für einen schönen Spazierstock oder ein Leinengewand für zahlreiche Lebensmittel einhandeln. Diese Männer hier tragen verkäufliche Waren wie einen schweren Krug Wein und zwei Enten.

Handel

Ägypten war das reichste Land der alten Welt. Es konnte sogar Gold aus den Minen der östlichen Wüste und Nubien als diplomatische Geschenke an ausländische Herrscher senden. Dem Pharao wurden im Austausch Prinzessinnen und Fertigwaren geschickt. Die Prinzen von Nubien importierten zentralafrikanische Produkte. Ein wichtiger Handelsort war Kerma, an den dritten Nilstromschnellen. Ägyptische Händler erwarben Pantherfelle, Windhunde, Giraffenschwänze für Fliegenwedel, Elfenbein und Tiere wie Paviane und Löwen.

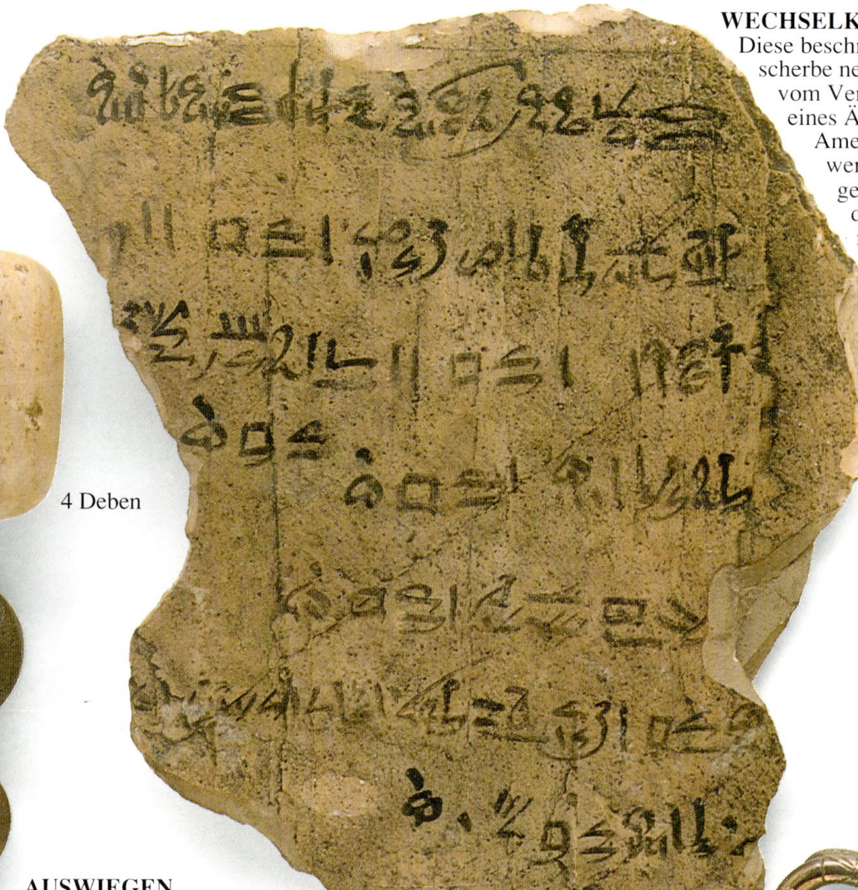

WECHSELKURS
Diese beschriebene Kalksteinscherbe nennt Einzelheiten vom Verkauf des Eigentums eines Ägypters namens Amenwau. Der Warenwert wird in ein Kupfergewicht umgerechnet, das man „Deben" nennt. Eine Ziege war ein Deben wert, für ein Bett zahlte man den Gegenwert von 2,5 Deben.

4 Deben

5 Kite

2 Kite

1 Kite

AUSWIEGEN
Das Kupfer-Deben, das als Umrechnungseinheit galt, hatte ursprünglich das Gewicht von ca. 14 g. Später setzte man das Deben-Gewicht auf 91 g fest, in 10 Kite teilbar.

Große Waage zum Wiegen von Handelsprodukten.

SILBERSCHATZ
In einem Topf aus Amarna fand man diese Stücke aus Silber als Teil eines Schatzes. Weil der Metallwert nach Gewicht gemessen wurde, war die äußere Form unwichtig. Texte belegen, daß Gold und Kupfer ähnlich ausgewogen und als Zahlungsmittel verwendet wurden.

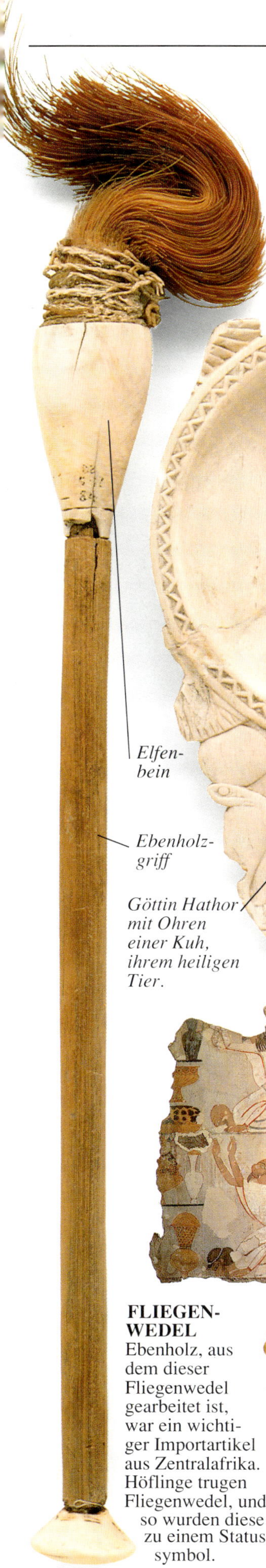

Hier werden aus dem Nilboot eines hohen Beamten große Weinkrüge entladen.

KASSIA
Diese trockene Rinde einer Lorbeerbaumart wurde aus Indien importiert. Die Ägypter verwendeten sie für Parfüm und Weihrauch.

ELFENBEIN
Elefantenzähne kamen durch Handel nach Ägypten und wurden zu Luxusartikeln, wie z. B. diesem Kosmetiklöffel, verarbeitet. Wenn der Nachschub an Elfenbein nachließ, nahm man statt dessen die Zähne der Nilpferde. Dieser Löffel zeigt Hathor, die Göttin der Schönheit und der fremden Länder.

Elfenbein

Ebenholzgriff

Göttin Hathor mit Ohren einer Kuh, ihrem heiligen Tier.

Das Land Punt

Die Ägypter dachten bei dem Land Punt an einen exotischen, entlegenen Ort. Wir wissen nicht genau, wo es ist, aber die am häufigsten benutzte Route dorthin schien entlang der Küste des Roten Meeres und dann landeinwärts am Nilnebenfluß Atbara zu gehen. Im 15. Jahrhundert v. Chr. schickte Königin Hatschepsut 5 Schiffe nach Punt. Die Schiffe landeten in einem Hafen an der östlichen Sudanküste. Dann ging die Expedition landeinwärts, wo sie Eingeborene traf, die in Pfahlbauten lebten. Weihrauch war das wichtigste Produkt, das sie mitnahm.

WEIHRAUCH
Im östlichen Sudan, in Äthiopien, Somalia und Jemen wuchsen Bäume, die dieses duftende Harz absonderten.

MITBRINGSEL
Diese syrischen Prinzen huldigen dem Pharao. Sie tragen Vasen und Kosmetikbehälter aus Gold, Lapislazuli und Elfenbein. Ein Prinz bringt sogar seine Tochter, damit sie am Hof erzogen wird.

HEILIGE WARE
Myrrhe und Weihrauch, die die Ägypter aus Punt einführten, könnten sogar aus noch südlicheren Regionen stammen. Die Ägypter holten sich nicht nur das Harz, sondern ganze Bäume, um sie vor Hatschepsuts Tempel anzupflanzen.

FLIEGENWEDEL
Ebenholz, aus dem dieser Fliegenwedel gearbeitet ist, war ein wichtiger Importartikel aus Zentralafrika. Höflinge trugen Fliegenwedel, und so wurden diese zu einem Statussymbol.

Stier aus Lapislazuli, in Gold gefaßt.

Unbearbeiteter Lapislazuli

LAPISLAZULI
Händler aus Afghanistan brachten diesen kostbaren Stein zu den Handelszentren wie z. B. Byblos im Libanon. Die Ägypter glaubten, das Haar des Sonnengottes sei aus diesem Edelstein.

Holzhandwerk

DEM KÖNIG ZU EHREN
Diese Miniatur zeigt des Schnitzers Geschicklichkeit und seinen Sinn für Einzelheiten. Tutanchamun liegt auf dem Mumienbett. Er trägt das königliche Kopftuch, und neben ihm stehend der Falkengott und der Seelenvogel mit Menschenkopf. Diese Statue widmete Schatzmeister Maya dem König.

Viele Produkte und Werkzeuge des alten Holzhandwerks sind heute noch erhalten. Für Dachbalken verwendete der Zimmermann die Dattel- oder die Dumpalme. Zapfen und Dübel für Särge oder Möbel waren aus Akazie, Wanderstöcke wurden aus Tamariske geschnitten. Eines der besten heimischen Hölzer war die Sykomorenfeige, aus der Särge, Tische, Kosmetikkästchen und Statuen gemacht wurden. In den oberen Gesellschaftsschichten bestand Bedarf an ausländischem Holz. Von den Hängen Libanons und Syriens stammten Zeder, Zypresse und Wacholder. Das dunkle afrikanische Ebenholz wurde für Möbel, Harfen, Spielbretter und Statuen sehr geschätzt. Wegen der Qualität ihrer Produkte genossen die Holzhandwerker hohes Ansehen. Oft übten sie ihren gutbezahlten Beruf in Palästen, Tempeln und auf reichen Gütern aus.

HÖLZERNE DIENERIN
Wie man hier sieht, wurden mit viel Geschicklichkeit Kosmetikbehälter für reiche Damen geschnitzt.

AXT
Die Axt erscheint als Hieroglyphe für das Wort „Zimmermann". Hauptsächlich benutzte man sie, um Bäume zu fällen und die Stämme für Schiffsplanken oder Sargbretter zu kürzen.

SÄGE
Der Zimmermann hielt beim Sägen den Holzgriff und bewegte die Säge zu sich hin. Szenen in Gräbern zeigen, wie der Zimmermann ein Brett sägt, das an einen Pfosten gebunden ist.

DECHSEL
Dieses Werkzeug benutzte man, um Oberflächen zu glätten. Werftszenen bezeugen, daß Zimmerleute am Bootsrumpf damit arbeiteten. Auch große Truhen wurden mit einem solchen Beil bearbeitet.

WIE MAN SICH BETTET
Auf einem ägyptischen Bett stand eine mit Kissen gepolsterte Kopfstütze, auf der der Kopf ruhen konnte. Luft wehte kühl am Nacken, und der Kopf lag außerhalb der Reichweite krabbelnder Tiere wie Käfer und Skorpione. Nicht alle Kopfstützen sind so phantasievoll gearbeitet wie diese, die die Gestalt eines Wüstenhasen bekommen hat.

ZIEGENKOPFDEKOR
Stühle und Kästen waren oft mit Tiergestalten dekoriert. Stuhlbeine konnten wie Löwentatzen geformt sein. Dieses kleine Fragment ist so fein geschnitten, daß das Horn, das gelockte Vlies und der Ziegenbart erkennbar sind. Es gehörte wohl zur Dekoration einer Truhe.

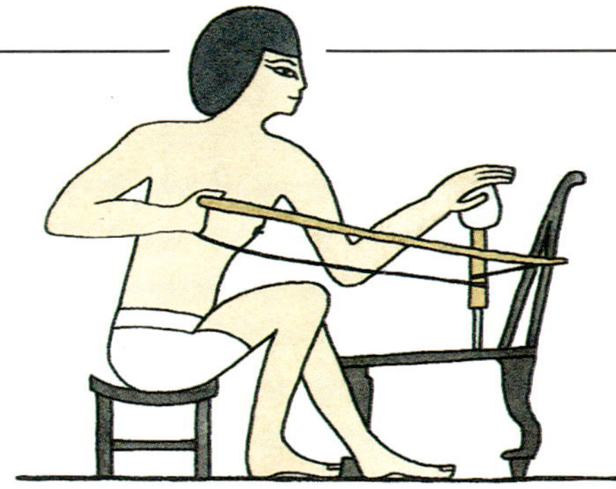

„BOHRMASCHINE"
Um ein Loch ins Holz zu bohren, benutzte der Tischler einen Drillbohrer. Er setzte ihn dort an, wo er das Loch haben wollte und drehte ihn schnell mittels eines Bogens. Manchmal half ein Kollege, der einen schweren Stein auf den Bohrer preßte, um den Druck zu erhöhen.

BEI DER ARBEIT
Diese zwei Tischler bearbeiten einen großen Holzkasten, der mit farbigen Materialien eingelegt ist. Einer hämmert ein Loch für einen Dübel, und der andere poliert den Kastendeckel.

AHLE
Ansetzlöcher konnten mit der Ahle gemacht werden, damit der Bohrer einen ersten Halt bekam. Schiffszimmerleute benutzten Ahlen, um Punkte auf Planken zu markieren, in die Holznägel geschlagen werden sollten.

MEISSEL
Ein Tischler benutzte einen Beitel, ein meißelartiges Werkzeug für Schnitzereien oder für das Herausarbeiten der Hieroglyphen.

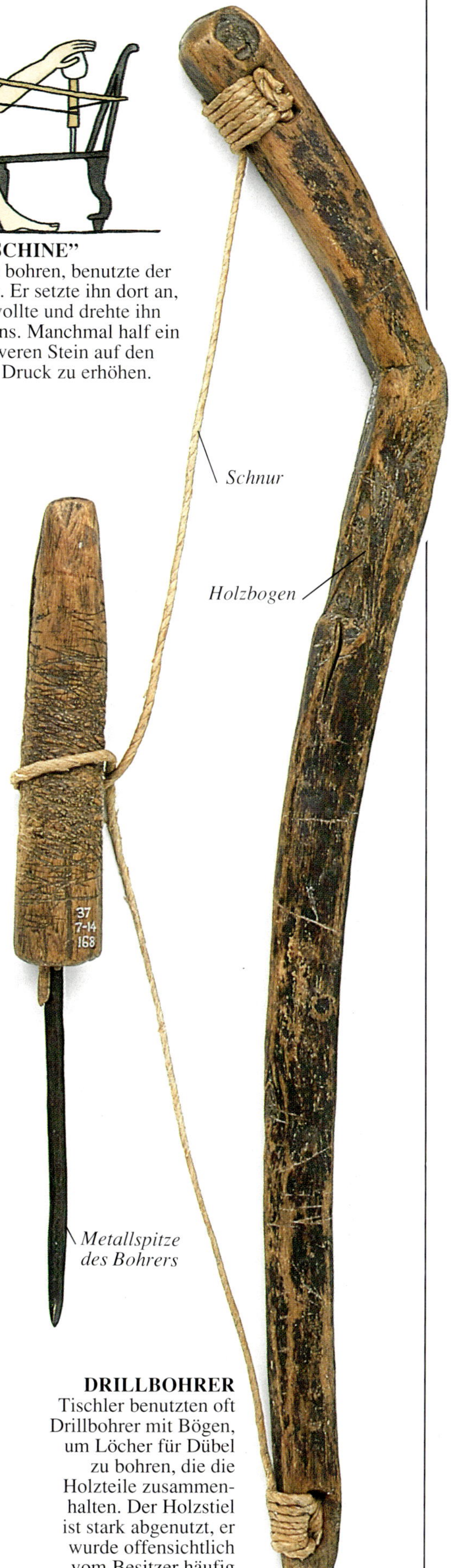

POLIERSTEIN
Die rauhen Oberflächen konnten mit einem Kiesel geglättet werden. Die fein polierten Möbeloberflächen wurden oft auf diese Weise erreicht.

DRILLBOHRER
Tischler benutzten oft Drillbohrer mit Bögen, um Löcher für Dübel zu bohren, die die Holzteile zusammenhalten. Der Holzstiel ist stark abgenutzt, er wurde offensichtlich vom Besitzer häufig benutzt.

Jagen, Fischen und Vogelfang

In der Pharaonenzeit bildeten Agrarprodukte die Hauptnahrung, so daß die Jagd hauptsächlich Zerstreuung für Könige und Hofbeamte war. In den ägyptischen Wüsten konnte man Wildstiere, Gazellen, Antilopen und Löwen jagen. König Amenophis III. war stolz auf seine Jagdbeute von über 100 Löwen in 10 Jahren und mehr als 90 Wildstiere bei einer Jagdexpedition. Meist brachte sich der König bei diesem Hobby nicht in Gefahr, denn die Tiere wurden in ein Gatter getrieben und eines nach dem anderen von ihm erlegt. Bei der Jagd benutzte man häufig einen Streitwagen. Der Nil war reich an Fischen, die man mit Angeln und Netzen fing. Das Papyrusdickicht verbarg eine Vielzahl von Vögeln. Hier schleuderte der Jäger ein Wurfholz, wenn das Flugwild erschreckt aufflog.

FAMILIENAUSFLUG
Dieser Hofbeamte jagt mit einem schlangenförmigen Wurfholz Vögel in den Papyrussümpfen. Seine Katze hat bereits drei Vögel erwischt. Auch seine Tochter und seine elegante Gattin – wohl kaum in passender Jagdgarderobe – sind mit von der Partie.

PFEILE
Bögen und Pfeile sind schon auf den frühesten Monumenten erkennbar. Die Rohrpfeile waren mit Elfenbein-, Knochen-, Feuerstein- oder Metallspitzen versehen.

Stumpfe Spitzen, die die Tiere entkräften, wenn sie in die Haut eindringen

Scharfe Spitzen, die sofort töten

Das gespaltene Ende für die Bogensehne

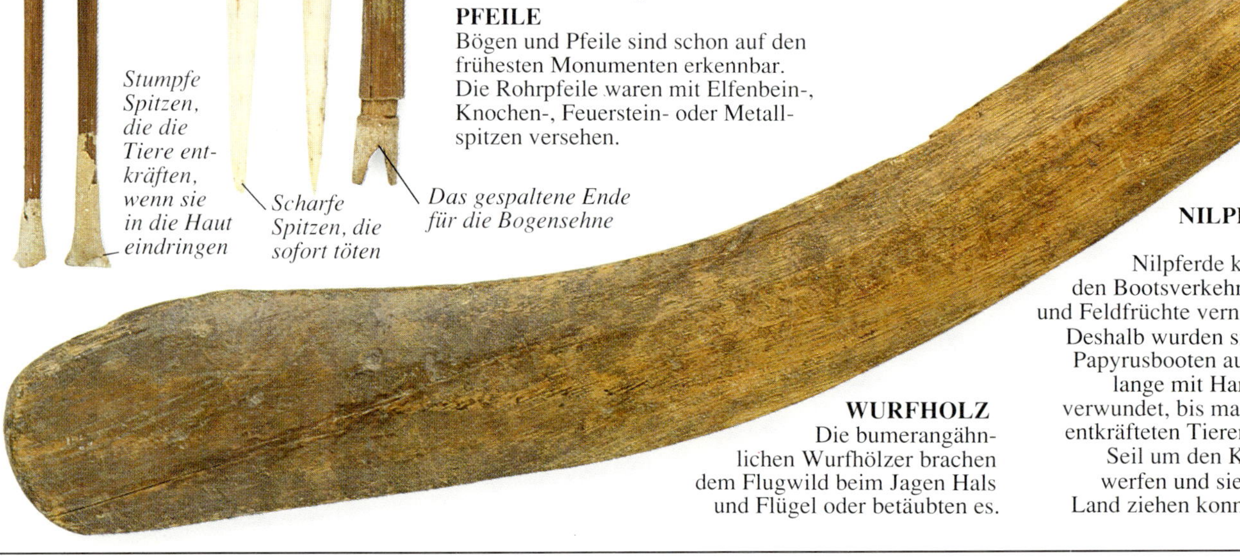

WURFHOLZ
Die bumerangähnlichen Wurfhölzer brachen dem Flugwild beim Jagen Hals und Flügel oder betäubten es.

NILPFERDJAGD
Nilpferde konnten den Bootsverkehr stören und Feldfrüchte vernichten. Deshalb wurden sie von Papyrusbooten aus so lange mit Harpunen verwundet, bis man den entkräfteten Tieren ein Seil um den Kopf werfen und sie an Land ziehen konnte.

BEUTE EINER WÜSTENJAGD
Wüstenhasen werden oft in Jagdszenen gezeigt. Antilopen und Gazellen waren willkommene Beute und Straußeneier delikate Fundstücke.

ANGELHAKEN
Kupfer- oder Bronzehaken wurden beim Angeln benutzt. Nach dem Fang nahm man den Fisch aus und trocknete ihn in der Sonne.

GEWICHTE
Wie die Fischer heute verwendeten die Ägypter Bleigewichte, um die Fischnetze unter Wasser zu halten.

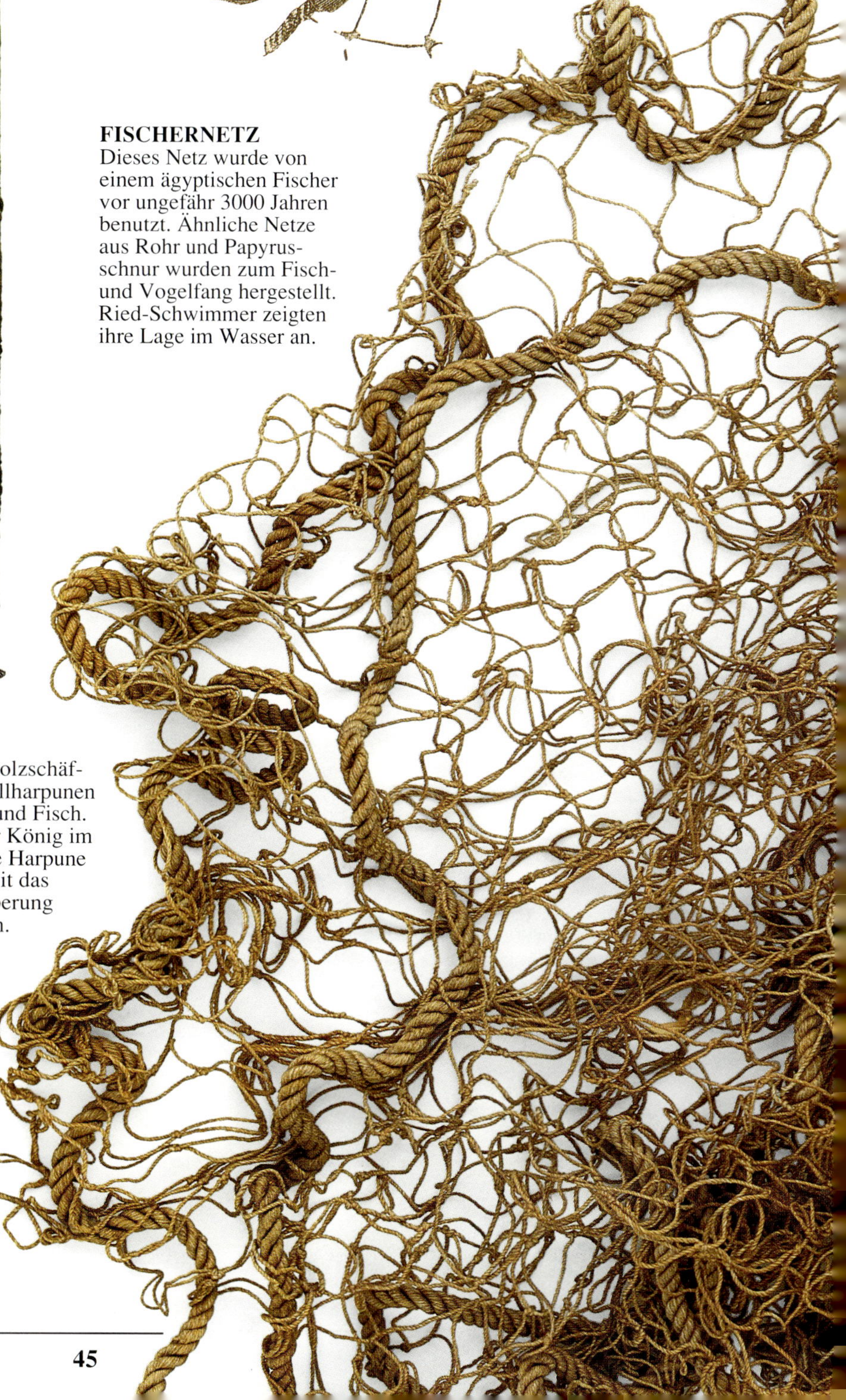

FISCHERNETZ
Dieses Netz wurde von einem ägyptischen Fischer vor ungefähr 3000 Jahren benutzt. Ähnliche Netze aus Rohr und Papyrusschnur wurden zum Fisch- und Vogelfang hergestellt. Ried-Schwimmer zeigten ihre Lage im Wasser an.

Mit Harpunen wurden Fische und Wild getötet.

Zinke zum Festmachen des Seiles

HARPUNEN
Mit an Rohr- oder Holzschäften befestigten Metallharpunen fing man Großwild und Fisch. Symbolisch hielt der König im sog. Seth-Ritual eine Harpune in der Hand, um damit das Nilpferd als Verkörperung des Bösen zu erlegen. In Wirklichkeit konnte eine einzige Harpune ein solches Tier nicht töten.

Die eigenen vier Wände

Häuser wurden oft aus Nilschlammziegeln gebaut. Man sammelte den Schlamm in Ledereimern und schaffte ihn zum Bauplatz. Dort fügten Arbeiter Stroh und Kiesel zur Verstärkung hinzu und gossen das Gemisch in Holzformen. Die Ziegel wurden dann in der Sonne getrocknet. Beim Hausbau verputzte man die Wände und bemalte häufig die Räume. Innen waren die Häuser kühl, da die kleinen Fenster nur wenig Licht einließen. Reiche Familien besaßen große Häuser, in denen man vom Flur aus die Schlafzimmer, Privaträume und Treppen zum Dach erreichen konnte. Die Küche lag etwas abseits, damit die Gerüche nicht störten. Die bei jung und alt beliebten Feste wurden zu Hause gefeiert.

SEELENHAUS
Dieses Modell zeigt das Haus einer ärmeren Familie. Das Modell wurde seinem Besitzer mit ins Grab gegeben, damit er im Jenseits darin wohnen könne. Deshalb nennt man es „Seelenhäuschen". Zu sehen sind ein niedriger Torbogen, ein Fenster, das wenig Licht hereinläßt, und eine Treppe, die zum Dach führt, wo man den kühlen Nordwind genießen konnte. Lebensmittel wurden im ummauerten Nordhof gelagert.

NICHT FÜR JEDERMANN
Ein Teich mit Lotusblumen und Fischen war häufig das Zentrum im Garten einer reichen Familie. Das Wasser wurde regelmäßig erneuert, um es frisch zu halten. Sykomoren, Dattelpalmen, Akazien und andere Bäume und Sträucher wuchsen am Rande.

WOHNKOMFORT
Dies ist ein typisches Schlammziegelhaus, das einem erfolgreichen Beamten, dem Kronsekretär Nacht, gehörte. Die Wände waren mit Kalksteinputz versehen. Gitterfenster im Obergeschoß ließen nur wenig Sonnenschein und Staub hinein, während sich der kühle Nordwind dort fing. Vorn war ein Garten mit Teich und Bäumen, in dem sich die Familie erholen konnte.

Alt und reizvoll

Eine Vielzahl verschiedener Becher, Krüge und Töpfe wurde entdeckt. Über 5000 Jahre alte Steingefäße sind die ältesten Fundstücke. Oft sind es handwerkliche Glanzstücke aus gefleckten Steinen. Später war auch Fayence als Werkstoff beliebt. Sie wurde durch Erhitzen von pulverigem Quarz in einer Gußform hergestellt. Einige nach unten spitz zulaufende Krüge mußten in spezielle Ständer gestellt werden.

WEINKRUG
Dieser Weinbehälter aus Fayence ist mit Rhomben- und Blättermustern dekoriert. Dieses Gefäß wurde wohl von einer vermögenden Familie um 1000 v. Chr. verwendet.

TRINKBECHER
Wasser, Wein oder Bier trank man aus diesem mit Lotusblumen verzierten Fayencebecher.

GEFÜLLTE TAUBE
Dieser über 5000 Jahre alte Behälter aus Brekzienstein enthielt Öl oder andere Flüssigkeiten. Den Inhalt konnte man durch ein Loch oberhalb der Flügel ausgießen.

FRUCHTKORB
Körbe konnte man leicht aus Palmenblättern oder Papyrusstreifen flechten. Einige weisen abstrakte Muster, andere Bilder von Menschen auf. Dieser Haushaltskorb enthält zwei Dumpalmfrüchte.

FAMILIENTREFFPUNKT
Dieser Knecht sitzt neben etwas Holzkohle und entfacht mit einem Fächer das Feuer. Es diente nicht nur zum Kochen, sondern war ebenso ein Ort gemütlichen Beisammenseins.

Diese Seitenansicht zeigt das schöne geschnitzte Profil typischer Stühle.

Essen und Trinken

KEINE VEGETARIER
Beim Schlachten fesselte man drei Beine des Rindes, brachte es zu Fall und schnitt ihm die Kehle durch. Das vierte Bein schnitt man ab und opferte es.

Der fruchtbare Schlamm der jährlichen Nilflut ermöglichte den Bauern, ihre Hauptnahrungsmittel Gerste und Emmer anzupflanzen. Erst wurde das Getreide in Scheunen gelagert, anschließend machte man Brot oder Bier daraus. An Gemüsesorten kannte man vor allem Zwiebeln, Knoblauch, Lauch, Bohnen, Linsen und Salat. Es gab auch Kürbisse, Datteln, Feigen, Gurken und Melonen, aber keine Zitrusfrüchte. Bäcker buken alle Arten von Kuchen, die mit Datteln oder Honig gesüßt wurden. Für Wein und Rosinen kamen Trauben aus dem Delta oder den Oasen. Die ärmeren Leute aßen selten Fleisch und Geflügel, eher Fisch. Beim Festessen servierte man Ente, Gans, Rind, sogar Oryx-Antilope und Gazelle. Es gab auch Schweine, Schafe und Ziegen, deren Fleisch man kochte oder briet.

WEINLESE
Zwei Männer pflücken Trauben von den Weinstöcken. Oft übernahmen ausländische Siedler oder Gefangene aus dem Osten oder Nubien diese Arbeit. Danach preßte man die Trauben mit den Füßen.

BROT
Dieses 3000 Jahre alte Brot wurde aus Gerstenteig gebacken. Das Mehl enthielt oft Steinchen, die beim Mahlen in den Teig kamen. Studien an Mumien haben gezeigt, wie das grobe Brot die Zähne abgewetzt hat.

FILTER
Dieser hölzerne Saugheber mit einem durchlöcherten Mundstück machte das Bier schmackhafter. Bier war wegen des angerührten, zerdrückten Gerstenbrotlaibes dickflüssig und mußte mit einem Sieb oder Saugheber gefiltert werden.

Löcher zum Filtern

Ein syrischer Soldat des Königs Echnaton trinkt Bier durch ein Trinkrohr.

TRAUBEN
Die Ägypter pflanzten ihren Wein, wie heute noch, im Norden an. Rote und grüne Trauben lieferten den veredelten Saft. Man importierte auch Wein aus Syrien und Griechenland.

KÖSTLICHE DATTELN
Datteln konnte man zur Erntezeit im August frisch essen oder durch Trocknen oder Pressen lange Zeit haltbar machen. Man kannte auch Dattelwein.

MITESSER UNERWÜNSCHT
Die Sykomorenfeige wurde früher hochgeschätzt. Auch Paviane lieben Feigen und bedienen sich auf Abbildungen häufig selbst.

Heutige Feigen

PALMFRÜCHTE
Dieses Dumpalmenobst stammt aus einem 3000 Jahre alten Grabopfer. Die Frucht hat einen Ingwergeschmack. Die äußere Schale des Kerns ist so hart, daß sie als Spitze eines Bohrers verwendet werden könnte.

FESTMAHL
Schreiber und Beamte hatten eine große Auswahl an Fleisch, Geflügel und Früchten. Diese reichhaltige und farbenfrohe Speisetafel bot sich einem Essensgast in Theben. Weinkrüge hängen in Gestellen und sind mit Blättergirlanden geschmückt. Das Menü besteht aus Kuchen, Feigen und Weintrauben, einem Kalbskopf, Herz und Bein eines Rindes, einer gerupften Gans und einem Zwiebelbund.

GRANATÄPFEL
Granatäpfel wurden aus dem Mittleren Osten eingeführt und waren bald ein beliebtes Obst. In der abgebildeten Schale liegen Granatäpfel, die zu einem Grabopfer gehörten. Ihre Form diente oft als Vorbild für Schmuck und Trinkbecher. Die Schale benutzte man vielleicht als gelbes Färbemittel.

Alte Frucht

Großer Granatapfel von heute

Musik und Tanz

Auch die Ägypter genossen das Leben. Festszenen auf Grabwänden, Lieder auf Papyri und erhaltene Musikinstrumente zeigen, wieviel Musik und Poesie ihnen bedeuteten. Sie hatten große öffentliche Feste, bei denen Tausende von Menschen mit Gesang und Musik von Flöten, Harfen und Kastagnetten unterhalten wurden. Viel Wein gehörte dazu. Musik spielte auch bei gewöhnlichen Anlässen eine Rolle: Winzer preßten Trauben, während andere Männer Rhythmusstöcke gegeneinander schlugen. Bauern sangen ihren Rindern vor, wenn diese das Korn mit ihren Hufen droschen. Eine Prinzessin spielte Harfe, während der Prinz sich auf dem Diwan entspannte. Tänzer schlugen Salti. Wir wissen nicht genau, wie sich ägyptische Musik anhörte, aber kleine Orchester konnten Saiten-, Blas- und Schlaginstrumente haben.

MÄDCHEN-BAND
Diese Grabmalerei zeigt eine Tanzgruppe, und ein Frauenorchester spielt eine Naturweise. Die Frontalansicht ist sehr selten in der ägyptischen Kunst.

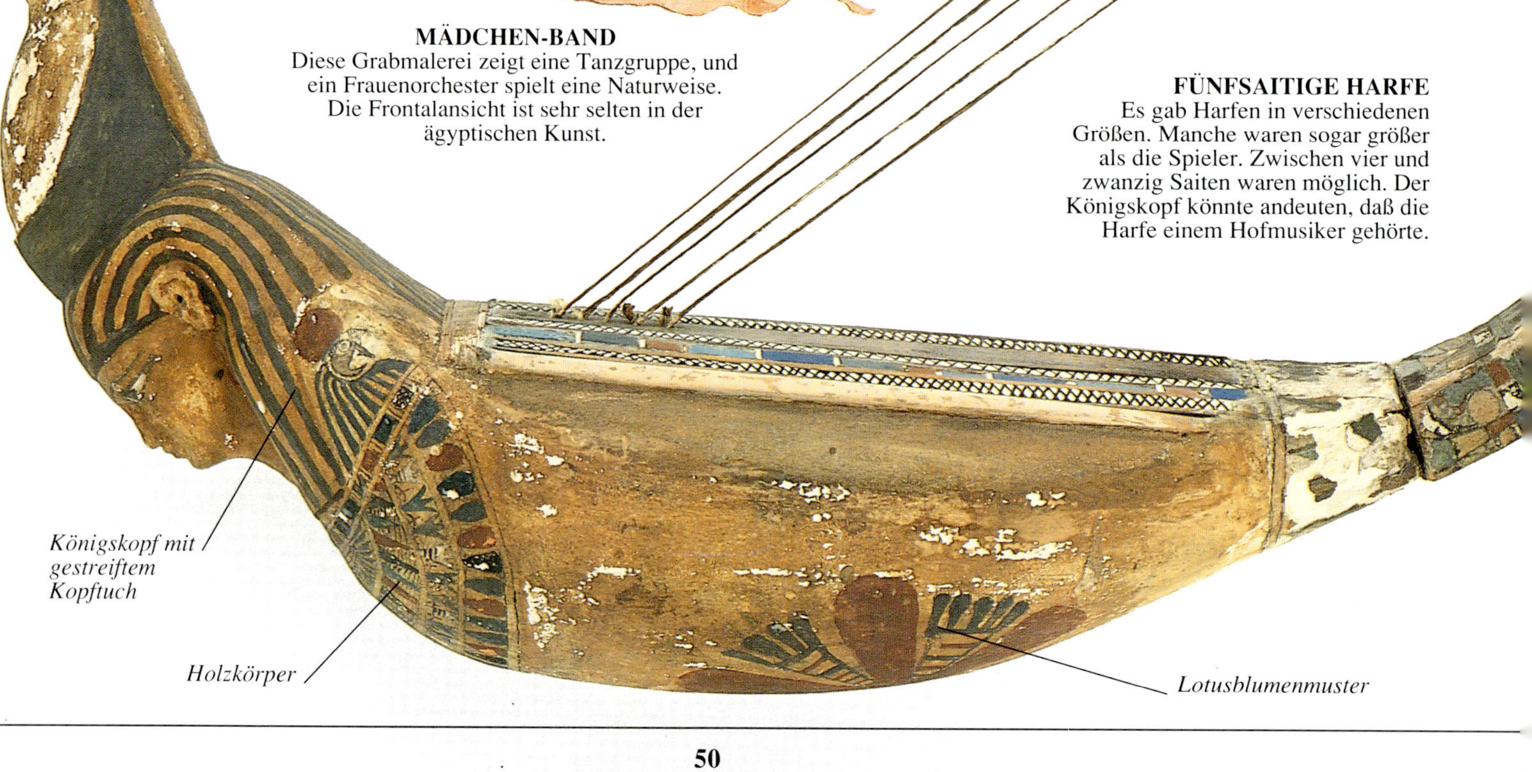

FÜNFSAITIGE HARFE
Es gab Harfen in verschiedenen Größen. Manche waren sogar größer als die Spieler. Zwischen vier und zwanzig Saiten waren möglich. Der Königskopf könnte andeuten, daß die Harfe einem Hofmusiker gehörte.

Falkenkopf

RHYTHMISCHER KRACH
Bronzebecken konnten den Rhythmus mit scharfem, metallischem Klang betonen. Zusammen mit Trommeln und Tamburinen ging dann von der Musik eine mitreißende Wirkung aus.

Wirbel

Darmsaiten

Eine Priesterin hält das Sistrum.

Scheiben, die beim Schütteln rasseln.

Hathorkopf

FLÖTE
Die Flöte oder Pfeife ist eines der ältesten Musikinstrumente. Sie wurde aus Rohr oder Holz geschnitzt. Das Holzinstrument wurde direkt durch das verstärkte Mundstück geblasen.

Udschat-augen-Tätowierung

EWIGER HARFENKLANG
Dieses Mädchen spielt eine Harfe, die es gegen den Körper lehnt. In Wirklichkeit müßte die Harfe gestützt werden, wenn man sie zupft. Die Figur sollte im Jenseits für Musik sorgen.

HEILIGE RASSEL
Das Sistrum wurde von Edelfrauen und Priesterinnen bei Festen getragen. Sie benutzten es zusammen mit dem heiligen Halsband „Menat". Es wurde im Kult der Göttin Hathor gebraucht.

KLAPPERN
Diese Klappern wurden wohl mit einer Papyrusschnur zusammengehalten. Man hielt sie in einer Hand und spielte sie wie moderne Kastagnetten.

Lyra und Doppelflöte auf einer Malerei in Theben

Spiele und Spielzeug

SPIELSTEIN
Dieser geschnitzte Löwenkopf könnte ein Spielstein gewesen sein.

Einige Spiele, die die Kinder im Alten Ägypten kannten, spielt man heute noch gerne, z. B. Froschhüpfen oder Tauziehen. Es gibt auch Malereien, auf denen sich Jungen als Soldaten verkleiden und Mädchen eine Art Pirouette tanzen. Sie kannten Brettspiele, darunter das Schlangenspiel und das komplizierte „Senet", und eine Vielzahl von Spielzeugen, Spieltieren, Puppen und Bällen. Die Ägypter waren auch große Geschichten- und Märchenerzähler. In einer Geschichte verwandelt ein Zauberer ein Wachskrokodil in ein lebendes, als er es ins Wasser wirft. Solche Erzählungen sollten nicht nur unterhalten, sondern dienten gleichzeitig einem pädagogischen Zweck.

RASSELBÄLLE
Diese bunten Bälle sind aus Ton. Sie waren ursprünglich mit Körnern oder Tonperlen gefüllt, so daß sie beim Wurf rasselten.

PUPPE ODER FREUNDIN?
Diese Püppchen waren aus Holz, und das Haar bestand aus aufgereihten Tonperlen. Entweder waren sie als Puppen für Kinder oder als Freundinnen im Jenseits gedacht.

BALLSPIELE
Gern jonglierten Mädchen mit Bällen, oder sie warfen sie einander zu; oft saßen sie dabei auf dem Rücken eines anderen Mädchens.

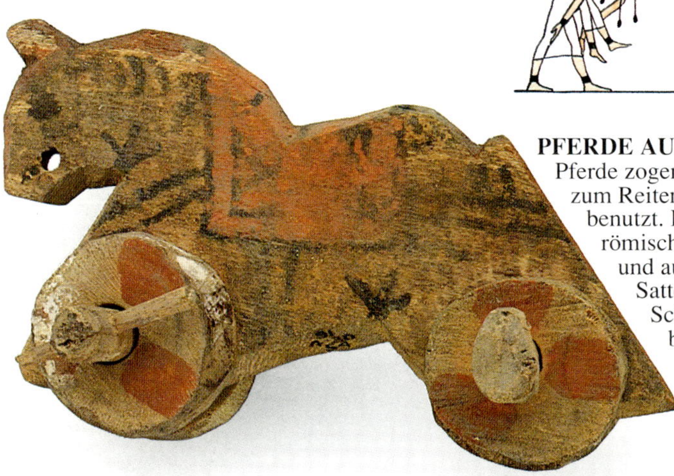

PFERDE AUF ROLLEN
Pferde zogen meist Streitwagen, zum Reiten wurden sie selten benutzt. Dieses Spielpferd aus römischer Zeit hat vier Rollen, und auf den Rücken ist ein Sattel gezeichnet. An einer Schnur, die am Maul befestigt war, konnte man es ziehen.

SPIELZEUGMAUS
An einer Schnur konnte das Kind ziehen, und der Schwanz dieser Holzmaus bewegte sich rauf und runter.

Mit dieser Schnur bewegt man den Unterkiefer

KLAPPE ZU
Dieses Spielzeug kann sich nicht entscheiden, ob es lieber Löwe oder Katze wäre. Mit einer Schnur kann man das Maul öffnen und schließen.

Das Senetspiel

Dieses Brettspiel symbolisiert den Kampf gegen die Kräfte des Bösen, die den Spieler hindern, ins Königreich des Osiris zu gelangen. Felder mit den Schriftzeichen für „Schönheit" und „Macht" sind wohl positiv für den Spieler, während andere, wie z. B. die Nilpferdjagd, eher negativ sind. Bei diesem 30-Felder-Spiel gab es zwei Sorten von Spielsteinen, und Stäbchen entschieden anstelle von Würfeln, wie weiter gezogen wurde.

DU BIST AM ZUG !
Dieser Totenbuchpapyrus zeigt den Schreiber Ani und seine Frau Tutu beim Senetspiel. Obwohl es so scheint, als ob die Frau hinter Ani sitzt, spielen sie doch miteinander.

KREISEL
Ein Schnippchen mit den Fingern oder ein kräftiger Zug an einer Papyruslei-ne, die um den Kreisel gewunden war, versetzte ihn in rotierende Bewegung. Solche Spielzeuge aus billigem Material konnten sich selbst ärmere Familien leisten, denn sie waren aus glasiertem, geformtem Quarzsand.

DAS „KÖNIGLICHE" SPIEL
Tutanchamun nahm 4 Senetspiele mit ins Grab, darunter ein Brett aus Ebenholz und Elfenbein. Die Spielsteine konnte man in einer Schublade aufheben.

Murmel für das Schlangenspiel „Mechen"

SCHLANGENSPIEL
Eines der ältesten Spiele, die man in Ägypten entdeckte, ist das Schlangenspiel „Mechen", das so gestaltet ist wie eine zusammengerollte Schlange. Wer seine Murmel von außen nach innen, immer im Kreis, in die Mitte spielen konnte, war Gewinner. Einige Murmeln tragen Namen der ersten Könige.

Stoffe und Kleidung

Seit frühester Zeit verarbeitete man Flachs zu Leinenstoffen für jedermann. Das älteste Bild eines ägyptischen Webstuhles fand man auf einer Tonschale, die auf 3000 v. Chr. datiert wird. Ein Pharao kleidete sich mit außergewöhnlich feinem Leinen, während Arbeiter Schurze aus grobem Stoffe trugen. Man vermied auf geschickte Weise ein Abnutzen der Kleidung: Die Soldaten verstärkten das Gesäßteil ihrer Schurze mit Leder, und die Hausdiener trugen Netze aus billigen, aber bunten Perlen über ihren Kleidern. Der normale Schurz der Höflinge bestand aus Leinentuch, das um die Hüfte gewickelt und oft mit einem besonderen Knoten befestigt war. Nach und nach benutzte man auch leichte Überwürfe. Frauen trugen lange Kleider und oft schöne, plissierte Umhänge. Man weiß immer noch nicht genau, wie die Kleiderfalten gepreßt wurden. Vielleicht übertrieb man auch die Faltenzahl auf vielen Statuen. Die Ägypter übernahmen die Technik des Stoffärbens aus dem Mittleren Osten, doch war sie nie weit verbreitet.

MANN UND FRAU
Dieser Arbeiter im Königsdienst trägt einen langen Schurz, seine Frau hingegen einen Umhang.

LEDERSANDALEN
Die Rindslederstreifen dieser Sandalen sind mit Papyrusschnur zusammengenäht. Leder war ein Material für Fußbekleidung.

Verstärkter Rand

Den Riemen sichernde Schnur

RIEDSANDALEN
Die meisten Sandalen bestanden aus Papyrus und anderen Rohrpflanzen. Dieses Material gab es reichlich und konnte daher von allen Bevölkerungsklassen verwendet werden, besonders von Priestern, die kein anderes Schuhwerk tragen durften.

FALSCHE PRACHT
Diese Beamten auf einem memphitischen Relief tragen typische Perücken und Gewänder mit weiten Ärmeln. Die Perücken bestanden aus Menschenhaar, und Bienenwachs sorgte für den richtigen Halt.

PRINZESSIN ODER KÖNIGIN ?
Diese Statue ist eine jener rätselhaften Arbeiten, die aus der Zeit von Echnaton (s. S. 10) stammen. Sie zeigt entweder die Königin Nofretete oder eine ihrer Töchter. Das abgebildete, sehr feine Gewand bestand wohl aus Königsleinen. Die Zahl der Falten ist vielleicht übertrieben, doch dürfte das richtige Gewand stark plissiert gewesen sein.

RÄTSELHAFTES BRETT
Dieses Brett mit geriffelter Oberfläche könnte zum Pressen von Falten (Plissieren) verwendet worden sein, wenn das Gewand noch feucht war.

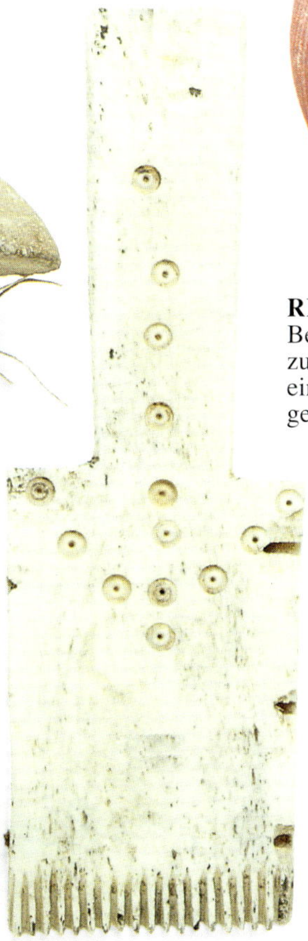

RIFFELKAMM
Bei der Leinenherstellung wurden zunächst die Flachssamenkapseln mit einem Riffelkamm von den Stengeln getrennt. Anschließend wässerte und schlug man die Stengel, bevor man sie mit einem Flachshechelkamm auskämmte, um Einzelfasern zu erhalten.

LEINENTUCH
Die Qualität des Leinens reichte vom groben, alltäglichen Material bis zur feinsten Gaze, die Könige und Königinnen trugen.

SPINDEL
Die Flachsfasern wurden um Stöcke oder Spindeln gesponnen, an denen ein schwerer, runder Wirtel (ein Schwunggewicht) am Ende befestigt ist. Wirtel sind schon aus frühdynastischer Zeit bekannt.

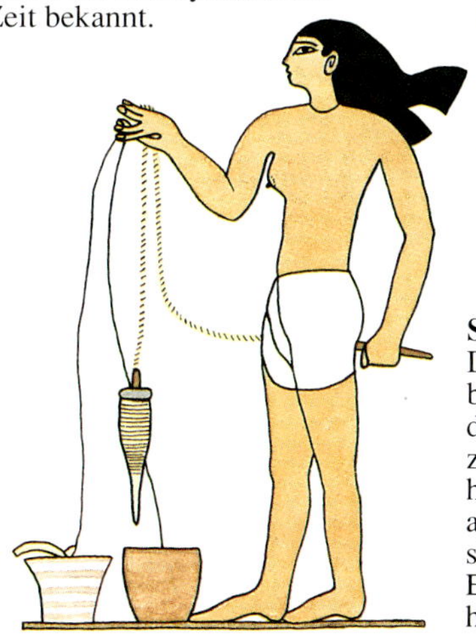

SPINNERIN
Dieses Mädchen arbeitet mit zwei Fäden, die sie aus zwei Gefäßen zieht. In der einen Hand hält sie eine Spindel, mit der anderen verzwirnt sie offensichtlich die beiden Fäden. Eine weitere Spindel hängt herab.

Schmuck

Kein ägyptischer Schmuck ohne Goldglanz – denn die Goldminen zwischen dem Nil und dem Roten Meer lieferten große Mengen dieses wertvollen Metalls. Entweder schlug man Gold zurecht, oder man goß es in Formen. Die Goldschmiede beherrschten auch die Granulationstechnik, wobei kleine Goldkörnchen aufgelötet werden. Man hatte Zugang zu Halbedelsteinen, wie dem orangeroten Karneol, dem grünen Feldspat und dem violetten Amethyst, und importierte aus Bergwerken der Sinai-Halbinsel den blaugrünen Türkis und aus Afghanistan den blauen Lapislazuli. Diamanten, Smaragde und Rubine waren unbekannt.

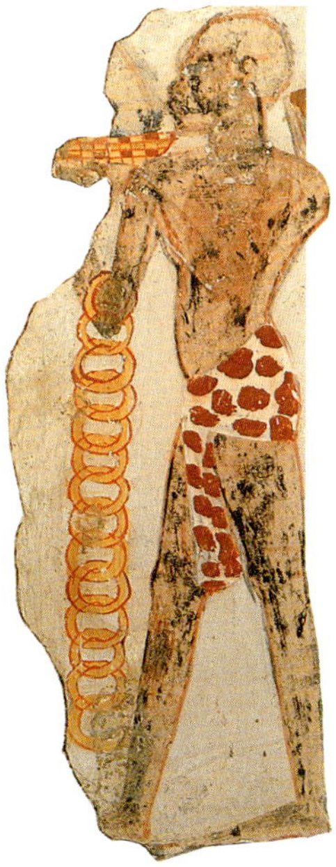

Hier werden Goldringe aus Nubien gebracht.

KÖNIGLICHER ARMREIF
Der Armreif des Prinzen Lamintu zeigt als zentrales Motiv den Gott Horus als lutschendes Kind (s. S: 27). Es sitzt auf einer Lotusblüte und wird von Kobras beschützt.

Name des Besitzers in Hieroglyphen

Eine Kaurimuschel weist auf Kinderwunsch hin.

GLÜCKSGÜRTEL
Das ist der erhaltene Teil eines Gürtels. Neben Kaurimuscheln aus Elektron (Gold mit hohem Silbergehalt) besteht er aus Karneol-, Amethyst-, Lapislazuli- und Türkisperlen.

KOSTBARER KOPFSCHMUCK
Diese römische Mumienmaske zeigt einen Priester mit einem Stirnreif, auch Diadem genannt.

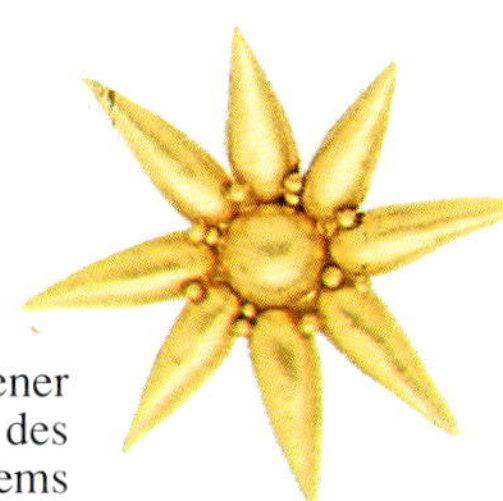

Goldener Stern des Diadems

Ohrringe aus Gold

KNOPF IM OHR
Aus dem Mittleren Osten kam der Brauch des Ohrringtragens. Diese Ohrstecker aus dem 14. Jahrhundert v. Chr. zeigen, wie groß die Löcher sein mußten.

Stecker aus Fayence

Stecker aus Glas

Stecker aus Jaspis

Metallstege wurden auf die Unterlage gelötet.

Die Krallen halten den Schen-Ring, das Symbol für Ewigkeit.

Spuren der ursprünglichen Einlage

FALKEN-PEKTORALE
Dieses Schmuckstück nennt man Pektorale. Es wurde auf der Brust getragen und verkörpert den Gott Re-Harachte. Die Metallstege bilden Zellen für Fayence-, Glas- oder Edelstein-einlagen. Diese Technik nennt man„Cloisonné“.

JUWELIERE BEI DER ARBEIT
Viele Metallgegenstände wurden gegossen. Man erhitzte Metall, bis es flüssig war, und goß es dann in Formen.

GNADENGABEN
Hervorragende Dienste für den Staat wurden vom König mit Schmuck belohnt. Er lehnte sich aus dem Erscheinungsfenster und warf den Edlen, die unten ehrfürchtig warteten, Armreife und Halsbänder zu. Dieses Ehrenhalsband besteht aus drei Goldringreihen, die an einer Schnur befestigt sind. Manchmal trugen selbst Pharaonen solche Halsbänder.

Skarabäus

Ring aus Steatit und Gold

Ring aus Steatit und Gold

Silberring

WELCHER IST DER SCHÖNSTE ?
Ringe enthielten oft einen drehbaren Stein in Gestalt eines Skarabäus (s. S. 20). Diese Skarabäen sind aus Steatit, das leicht zu bearbeiten ist.

Fischamulett gegen Ertrinken

Heh, Gott der „Millionen Jahre“, symbolisiert langes Leben.

Bart oder jugendliche Seitenlocke

Dieses Figürchen zeigt die Seitenlocke, die auf jugendliches Alter hindeutet.

Schönheitspflege

Die Ägypter liebten Schönheit und Mode. Viele Eigennamen sind mit dem Wort „nefer“ (schön) gebildet, wie z. B. Nofret, Nofretete, Nofretari. Hathor, „die Goldene“, war das Schönheitsideal in der Liebesdichtung. Männer und Frauen trugen Augenschminke aus Mineralien auf, die auf Schieferplatten zerrieben wurden. Viel Zeit verwendeten sie, um ihren Körper mit Kosmetika, Perücken, Blumen und feinem Leinen zu verschönern. Zahlreiche erhaltene Kämme, Spiegel und Schminkgefäße zeigen, wieviel ihnen an der äußeren Erscheinung lag. „Lege Myrrhe auf dein Haupt und kleide dich in schöne Gewänder“ heißt es in einem Lied.

Malachit

Röhrchen mit Königsnamen

ZUM SCHMINKEN
Mit diesen Schminkutensilien, Applikatoren genannt, wurde Schminke angerührt und aufgetragen.

MEISTERHAFT
Die Flügel der Mutterente schwingen seitwärts, und Gesichtscreme kann entnommen werden.

SCHMINKBEHÄLTER
Zerriebene Mineralien für Augenschminke wurden mit Wasser vermischt und in Röhrchen aufbewahrt.

Gefäß aus seltenem Anhydrit

GLÄNZENDE SACHE
Höflinge stellten sich Kegel aus parfümiertem Tierfett auf ihre Perücken. Das Fett schmolz und floß an der Perücke herab.

SPIEGLEIN, SPIEGLEIN
Am Hof benutzte man polierte Bronze- oder Kupferspiegel. Diese kunstvoll als Griff gearbeitete Dienerin deutet Liebe und Schönheit an.

ALLES FÜRS WOHLBEFINDEN
Diese vornehme Dame wird von jeder Seite bedient: Eine Freundin verwöhnt sie mit dem Duft einer Blume, Dienerinnen baden und massieren sie.

Polierte, reflektierende Metalloberfläche

Bleiglanz

Eisenoxid

KUNTERBUNT
Aus Malachit, einem Kupfermineral, produzierte man grüne Augenschminke. Das Mineral Bleiglanz ergab eine grauschwarze Schminke, die heute „Kohl" genannt wird. Wangen und Lippen färbte man mit Eisenoxiden rot. Wahrscheinlich wurde dem Make-up beim Auftragen etwas Fett hinzugefügt.

GLATTRASUR
Rasiermesser aus Bronze oder Kupfer waren wahrscheinlich so unhandlich, wie sie aussahen. Die fahrenden Barbiere konnten freilich geschickt damit umgehen.

Pinzette

WER SCHÖN SEIN WILL . . .
Priester und Frauen zupften sich überflüssiges Haar mit der Pinzette aus. Frauen legten ihre Locken mit einer Haarzange.

Haarzange

Die Zangenenden ermöglichen verschieden große Locken.

KOSMETIKLÖFFEL
Ein zusammengebundener Blumenstrauß bildet den Griff dieses Kosmetiklöffels. Der Deckel am oberen Ende läßt sich seitwärts bewegen.

HOLZKAMM
Die meisten Ägypter hatten kurzes Haar, aber lange, schwere Perücken. Manchmal gab es drei Schichten Locken, so daß sie Elfenbein- oder Holzkämme benötigten.

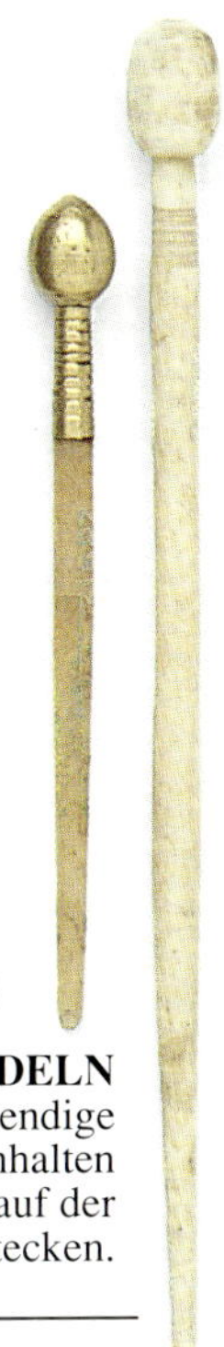

EITEL
Eine vornehme Dame namens Iput schaut in den Spiegel und tupft Puder auf ihre Wangen.

HAARNADELN
Sie konnten aufwendige Frisuren zusammenhalten oder die Salbkegel auf der Perücke feststecken.

Tiere des Niltals

LÖWE
Der Löwe verkörpert Stärke und Herrschaft und wurde so zum Sinnbild des mächtigen Königs. Selten wird der Löwe von jemand anderem als dem König gejagt. Dieser Goldlöwe war ursprünglich Teil einer Halskette.

Viele Tiere – Vögel, Reptilien und Fische – gehörten zur natürlichen Umwelt der Ägypter. In den Wüsten im Osten und Westen des Niltals konnte man gereizten Löwen und Wildstieren ebenso begegnen wie scheuen Antilopen und Gazellen. Diese Tiere jagten ihre Beute oder grasten am Rande des Fruchtlandes. Unheimliches Heulen der Hyänen und Schakale, die sich um Kadaver stritten, zerriß die Nacht. In den Papyrusdickichten am Nil fand man Nester der Wildenten, Kormorane, Pelikane und Wiedehopfe. Am Nilufer lauerten Krokodile, im Wasser standen Nilpferde, umschwommen von Nilbarschen und Welsen. Tierdarstellungen gehörten zur Weltordnung des Sonnengottes und galten oft als irdische Erscheinungsformen der Götter.

VERSTECKSPIEL
Die Göttin Hathor wird oft als Kuh in den Papyrussümpfen dargestellt.

TIERPOSSEN
Satirische Bilder zeigen den Sinn der Ägypter für Humor. Zwei Feinde, die Antilope und der Löwe, erfreuen sich an einer Partie Senet (s. S. 53). Ein Schakal spielt Doppelflöte und hütet eine Ziegenherde, während eine Katze sich liebevoll um Gänse kümmert. Ein Löwe scheint sich über einen Ochsen auf der Couch zu amüsieren.

WILDSCHAF UND KATZE
Dieses Kosmetikgefäß zeigt ein Wildschaf, das vorsichtig über eine unbeeindruckte Katze hinwegschreitet. Einige der wichtigsten Götter wurden als Widder dargestellt, z. B. konnte ein Widder mit geschwungenem Horn Amun-Re, den König der Götter, verkörpern.

Die Krone des Osiris besteht aus Widdergehörn, Ried und Straußenfedern

KROKODILGOTT
Die Gefahr, von einem Krokodil geschnappt und gefressen zu werden, führte zu dem Versuch, diese Bestien für sich zu gewinnen. Deshalb wurde das Krokodil das heilige Tier des Sobek, und Priester schmückten Krokodile mit Juwelen und mumifizierten sie, wenn sie starben.

NILPFERDE
Nichts illustriert die Vorliebe der Ägypter für bildlichen Humor besser als diese Nilpferdmodelle. An sich hatte das männliche Nilpferd einen schlechten Ruf, da man es mit Seth, dem Erzfeind der wahren Götterherrscher Osiris und Horus, in Zusammenhang brachte. Ein wütendes Nilpferd konnte ein Papyrusboot kentern lassen und wurde deshalb oft gejagt.

DUFTENDER FISCH
Dieser Bultifisch aus Glas wurde hergestellt, indem man Glasfluß über ein Kerngehäuse goß. Die Wellenlinien sollen Fischschuppen andeuten. Dieses Gefäß enthielt Parfum, das aus dem Fischmaul gegossen werden konnte. Solche Gegenstände zeugen von der Schönheit der Fischwelt im Nil und Roten Meer.

PARADEMARSCH
Diese Gänse sind Teil einer frühen Grabmalerei, damit dem Verstorbenen im Jenseits das Essen nicht ausging.

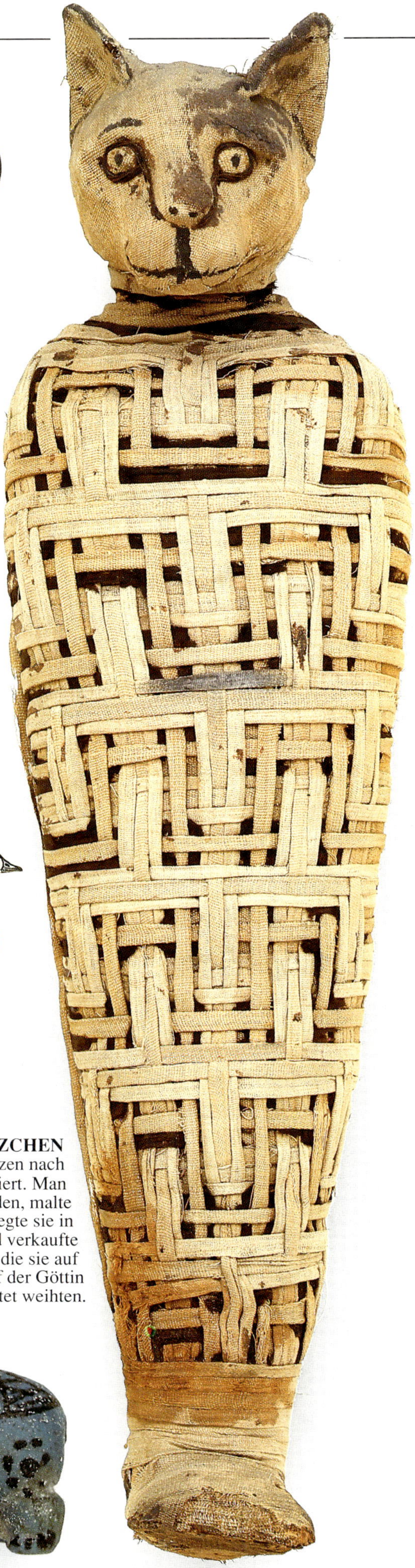

VERPACKTES KÄTZCHEN
Eine Zeitlang wurden Katzen nach dem Tode mumifiziert. Man wickelte sie in Leinenbinden, malte ihnen Gesichter auf, legte sie in katzenförmige Särge und verkaufte sie Tempelbesuchern, die sie auf dem Tempelfriedhof der Göttin Bastet weihten.

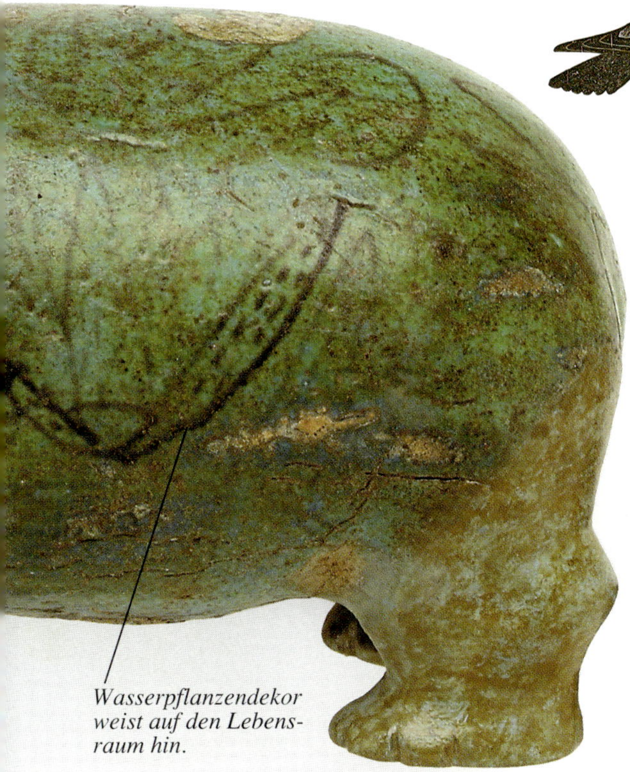

Wasserpflanzendekor weist auf den Lebensraum hin.

Nilpferdbaby aus Fayence

Die Zeit nach den Pharaonen

Ägypten wurde im letzten Jahrtausend v. Chr. mehrmals von Ausländern erobert, z. B. Sudanesen, Persern und Makedoniern unter Alexander dem Großen. Auf Alexander folgte sein General Ptolemaios, der eine Dynastie begründete. Diese in Alexandria regierenden Herrscher sprachen Griechisch und ehrten griechische Götter, aber auf Tempelwänden wurden sie traditionell als einheimische Pharaonen abgebildet. 30 v. Chr. kam Ägypten unter römische Herrschaft, und allmählich erfolgte die Christianisierung. Kirchen und Klöster verdrängten die Tempel. Nach der Eroberung durch die Araber im 7. Jahrhundert n. Chr. wurde Ägypten zu dem islamischen Land, das es noch heute ist.

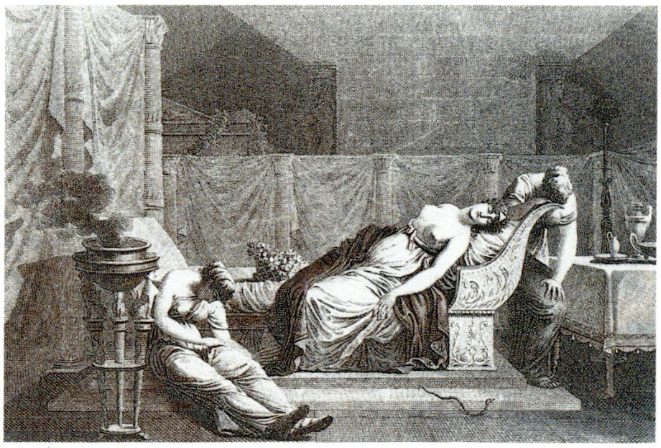

KLEOPATRA
Königin Kleopatra war die letzte Herrscherin der griechischen Dynastie in Ägypten. Ihr Selbstmord ist weltbekannt. Aber es ist nicht bewiesen, daß sie durch Natternbiß starb.

Die Römer

Die Römer führten das Korn ägyptischer Felder und Gold aus den Minen aus. Obwohl sie das Land ausbeuteten, bauten sie doch Tempel für ägyptische Götter. In ihnen kann man die Bilder römischer Kaiser wie Augustus und Tiberius sehen, die riesige ägyptische Kronen tragen. Ihre Namen sind in Hieroglyphen geschrieben wie früher die der Pharaonen.

KAISER ALS HORUS
Wie der ägyptische Pharao mit Horus identifiziert wurde (s. S. 27), so wurden auch die römischen Kaiser manchmal als Falkengott dargestellt. Dieser Horus trägt eine Toga und römische Sandalen. Die Federn sehen wie ein Schuppenpanzer aus.

Mumie des Artemidorus

Römische Kindermumie

UNVERFÄLSCHT
Mumien römischer Zeit erhielten oft lebenswahre Portraits. Auf den Sarg oben ist sein Besitzer Artemidorus im typisch römischen Stil gemalt. Der Sinn dieser Portraits lag wohl darin, daß die Seele ihren Körper wiederfinden sollte. Mit seinen großen Augen schaut uns Artemidorus an, als ob man seinen Namen aufgerufen hätte.

Die Christen

Obwohl bereits früher christliche Mönche in Höhlen lebten, wurde Ägypten erst mit der Bekehrung des Römischen Reiches um 324 n. Chr. christianisiert. Die christliche Glaubensrichtung in Ägypten nennt man „koptisch“. Noch heute leben koptische Mönche in gutgeführten ägyptischen Klöstern. Kürzlich wurden Reliquien von St. Markus, der das Christentum nach Ägypten gebracht haben soll, von Venedig nach Kairo überführt.

Diese Stoffapplikation zeigt den siegreichen St. Georg.

GERETTET
Qasr Ibrim, ein Berg in Nubien, war ein christliches Zentrum, als es von islamischen Truppen erstürmt wurde. Dieses Silberkreuz hat den Angriff unbeschadet überstanden.

UMFUNKTIONIERT
Abbildungen des Gottes Horus, der seinen Feind Seth niedersticht, wurden von den frühen Christen in Ägypten übernommen, um Kriegsheilige wie St. Georg oder St. Menas darzustellen.

STRASSENSZENE
Bis ins 19. Jahrhundert standen in den Straßen Verkaufsstände, die an den Mauern und Minaretten der Moscheen aufgebaut waren. Jeder Stand verkaufte nur Produkte eines einzigen Handwerks.

Durchbruchsarbeit aus Messing

Die Moslems

Arabische Reiterarmeen eroberten Ägypten im 7. Jahrhundert n. Chr. Sie regierten mit Hilfe der existierenden, hauptsächlich christlichen Verwaltung. Später erhob man den Islam zur Staatsreligion und Arabisch zur Staatssprache. Die neue Hauptstadt wurde el-Qahira (Kairo). Schließlich eroberten die Türken Ägypten, und seit 1952 ist das Land eine arabische Republik.

WEIHRAUCHBRENNER
Dieses Gefäß wurde vor 1000 Jahren in einer Moschee verwendet. Das Verbrennen von Weihrauch ist Teil der Reinigungszeremonie der Moslems, zu der auch das Waschen und das Ausziehen der Schuhe vor Betreten der Moschee gehören.

Index

Bildnachweis

Bildnachweis
o = oben, u = unten, m = Mitte, l = links, r = rechts

Ägyptisches Museum / Foto: Staatliche Museen zu Berlin: 48 ul
Ancient Art & Architecture Collection: 10ul, 10um, 11ul, 14or, 28-29o
Anglo Aquarium Plant Co. / Barbara Thomas: 26ml
Bridgeman Art Library: 24or, 28ol, 28ur
British Museum: 6u, 9or, 10m, 11m, 14ur, 15ol, 15om, 15ur, 16or, 18m, 19o, 19ur, 22ol, 26mr, 27ol, 27mr, 28m, 29r, 30mr, 32, 33, 34m, 35mr, 40ol, 41o, 41um, 44m, 45ol, 46l, 46u, 49ul, 50m, 51om, 53om, 56ol, 56ul, 57ur, 58um, 59um, 60or, 60-61m, 62ul, 62um, 63or
British Museum / Nina M. de Garis Davies: 39m, 48mr, 51u, 61m
Peter Clayton: 26ol, 38m
Bruce Coleman Ltd.: 41mr
Michael Dixon, Photo Resources: 10or, 25ol
Egypt Exploration Society, London: 54ur
Mary Evans Picture Library: 57or, 62or
Werner Forman Archive: 8or
Editions Gallimard: 20ol
Griffith Institute, Ashmolean Museum, Oxford: 23u
Robert Harding Picture Library: 12ml, 13ul, 23mr, 24ul, 36-37u, 39or, 42ol, 53ml, 54ol
George Hart: 23 m, 29m
Michael Holford: 41ur
Hutchison Library: 9mr
Courtesy of the Oriental Institute of the University of Chicago: 44-45u
Popperfoto: 38ol
James Puttnam: 31ml
Louvre / (c) Réunion des Musées Nationaux: 55om
Uni-Dia Verlag: 43ml
University College, London: 22u, 35ml
Roger Wood: 32ol
Verlag Philipp von Zabern / Kairo Museum: 8-9u

Illustrationen:
Thomas Keenes: 21ol, 32ur, 33ur, 43o, 55um
Eugeny Fleury: 81ml

Bildredaktion:
Kathy Lockley

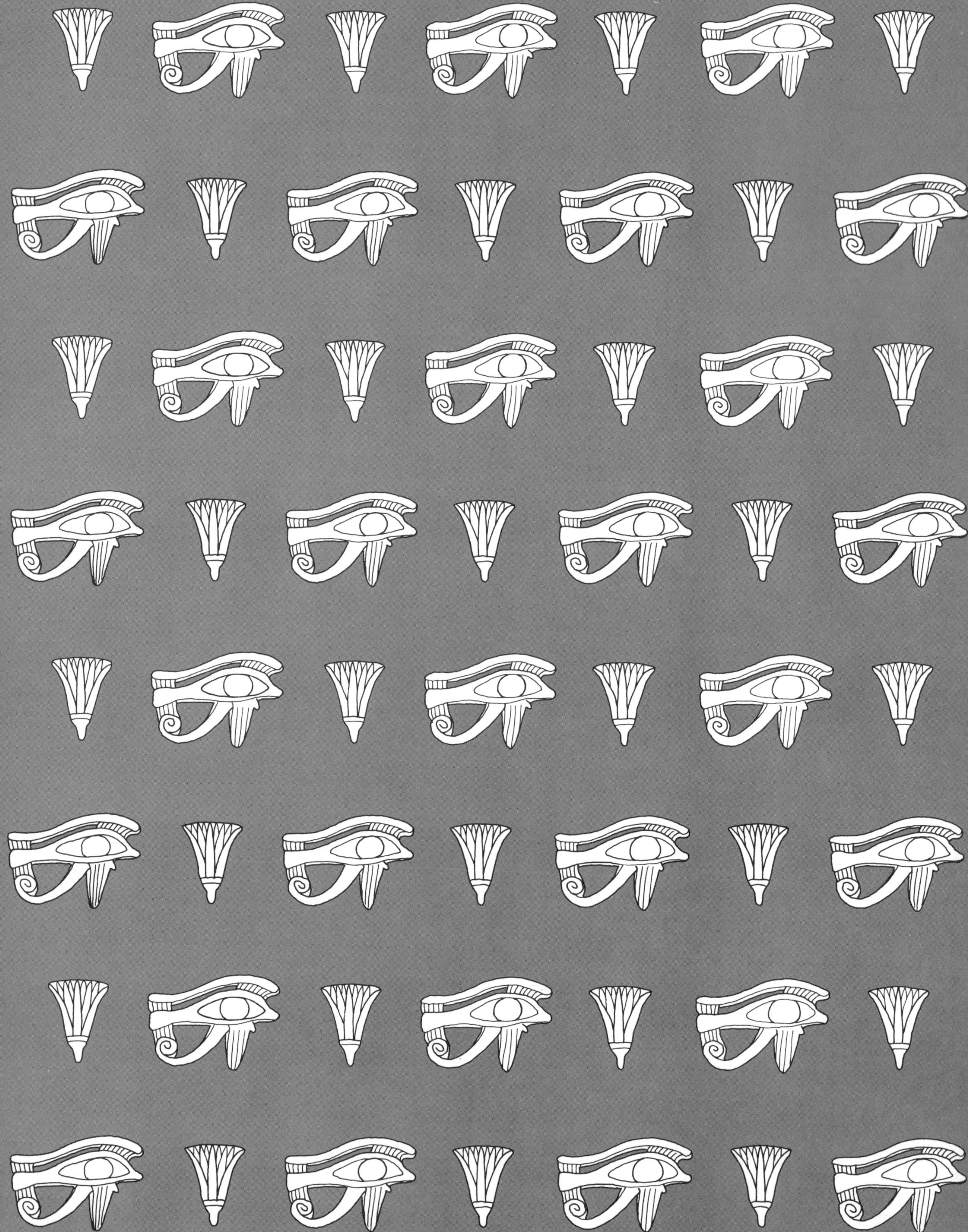